AI와 국악 창작 교육

AI문고

인공지능 시대입니다. 기계가 인간의 인지를 대신하고, 사물이 인간을 통하지 않고 다른 사물과 직접 커뮤니케이션합니다. 이에 따른 인간 삶과 문명 변화를 정확히 이해·예측·대응하는 것은 이 시대 우리 모두의 과제입니다. AI문고는 인공지능 기술과 환경의 여러 주제를 10가지 키워드로 정리합니다. 관련 개념과 이론, 학계와 산업계의 쟁점, 우리 일상의 변화를 다룹니다. 인간과 기술의 현재, 미래를 세심히 분석합니다.

일러두기

- 인명, 작품명, 저서명, 개념어 등은 한글과 함께 괄호 안에 해당 국가의 원어를 병기했습니다.
- 외래어 표기는 현행 어문규정의 외래어표기법을 따랐습니다.

처음이세요?

전문가세요?

AI와 국악 창작 교육

권혜근 · 정영선

대한민국, 서울, 커뮤니케이션북스, 2025

AI와 국악 창작 교육

지은이 권혜근 · 정영선
펴낸이 박영률

초판 1쇄 펴낸날 2025년 8월 29일

커뮤니케이션북스(주)
출판 등록 2007년 8월 17일 제313-2007-000166호
02880 서울시 성북구 성북로 5-11
전화(02) 7474 001, 팩스(02) 736 5047
commbooks@commbooks.com
www.commbooks.com

ISBN 979-11-430-0846-6 03500

책값은 뒤표지에 표시되어 있습니다.

차례

AI와 국악 창작 교육의 필요성

최근 교육 현장에 도입된 디지털 기기와 온라인 플랫폼이 국악 수업의 구조에 근본적인 변화를 일으키고 있다. 태블릿과 전자 칠판 등 시각 중심의 인터페이스가 보편화되면서, 수업 자료는 더 이상 교실 안에만 머물지 않고 클라우드 기반으로 저장 · 공유되고 있다. 특히 코로나19 이후의 비대면 학습 경험은 국악 수업 역시 시간과 공간의 경계를 넘어 확장될 수 있다는 가능성을 보여 주었다. 이 변화 속에서 교사의 역할도 일방적인 지식 전달자에서 학습 경로를 설계하고 디지털 자료를 선별하는 '설계자'로 전환되고 있다.

국악 교육은 감각적 습득을 중시하는 특징을 지닌다. 장단의 구조, 음의 높낮이, 시김새와 같은 표현 요소는 몸과 귀를 통해 체득하는 과정이 필수적이다. 이러한 국악의 특성을 반영하여, 최근 수업 현장에서는 시김새를 실시간 그래픽으로 시각화하거나, 동작 인식 기반의 AI 프로그램을 활용한 다양한 수업이 이뤄지고 있다. 디지털 매체는 학습자의 직관적 이해를 도우며, 즉각적인 피드백을 제공함으로써 국악 교육의 새로운 가능성을 열어 가고 있다. 이러한 기술의 도입은 국악 수업을 반복 중심의 실기 교육에서 창의적 탐색과 제작 중심의 수업으로 전환하는 촉매가 된다.

특히 생성형 AI 기술은 국악 교육의 내용과 방식 모두에 복합적인 변화를 만들어 내고 있다. 실제로 국립 기관에서는 3차원 악기 모델이나 AI 기반 반주 생성 시스템을 개발해 공개하고 있으며, 2022 개정 교육 과정에서는 디지털 기반 음악 창작과 감상 활동의 확장이 제안되기도 했다.

그러나 현재의 AI 작곡 시스템 대부분은 서양 음악 데이터에 기반하고 있어, 국악의 장단, 음계, 시김새와 같은 표현 구조를 그대로 반영하기에는 한계가 존재한다. 이를 보완하기 위해서는 국악 고유의 음계 구조, 장단 패턴, 악기 음색 등을 학습 데이터에 포함하는 한편, 생성 결과물에 대해 학습자가 비판적으로 해석하고 편곡할 수 있도록 교육적 장치가 마련되어야 한다. AI는 창작을 대신하는 도구가 아니라, 표현 역량을 확장하는 협력적 매체로 인식되어야 한다.

기존의 국악 창작 수업은 이론적 이해와 기술적 숙련이 동시에 요구되어, 학습자에게 진입 장벽이 높고 접근이 용이하지 않았다. 그러나 최근에는 사용이 간편한 디지털 창작 도구들이 등장하면서, 학생이 리듬을 시각적으로 설계하고 그 위에 자신의 목소리나 악기를 얹는 방식으로 보다 직관적이고 주체적인 창작 수업이 가능해지고 있다. 이러한 경험은 학생에게 창작 주체로서의 자기 인식을 심어 주고, 학습 내용을 스스로 점검하며 반추하는 메타 인지적 사고력을 키우는 데 기여한다.

저작권과 디지털 음원의 교육적 활용

국악 교육에서 디지털 음원을 활용할 때 가장 중요한 고려 사항 중 하나는 저작권 문제다. 국악 음원의 국립국악원 또는 공유 마당에서 제공하는 다양한 음원을 무료로 사용할 수 있다. 따라서 교사는 수업에서 사용할 음원의 저작권 상태를 정확히 파악하고, 교육 목적의 공정 이용 범위를 준수해야 한다. 이 책에서는 저작권 문제를 해결하면서도 교육적 효과를 극대화할 수 있는 디지털 음원 활용 방안을 구체적으로 제시한다.

디지털 도구를 활용한 국악 교육의 실제

국악 교육 현장에서 활용할 수 있는 구체적인 디지털 도구들을 소개하고, 이들이 어떻게 국악 학습의 효과를 높일 수 있는지를 실증적으로 보여 준다. 크롬 뮤직랩과 같은 웹 기반 도구를 통해 학생들은 5음 음계의 선율을 시각적으로 탐색하고, 이를 바탕으로 새로운 가락을 창작할 수 있다. 또한 구글 AI 실험실에서는 시김새, 음높이를 시각화하여 학습자의 이해를 돕고, 창작 과정에서 즉각적인 피드백을 제공할 수 있게 한다.

스크래치와 같은 교육용 프로그래밍 언어를 활용하면, 학생들은 단순한 음악 감상을 넘어 직접 국악 기반의 디지털 콘텐츠를 제작할 수 있다. 이 과정에서 학생들은 프로그래밍 사고력과 음악적 창의성을 동시에 기를 수 있으며, 개별 창작물을 합주 형태로 발전시켜 협력적 학습 경험을 쌓을 수 있다. 밴드랩과 같은 디지털 오디오 워크스테이션(DAW, Digital Audio Workstation) 기반의 음악 편집 프로그램은 학생들이 언제 어디서나 국악 창작에 참여할 수 있는 환경을 제공하며, 일상생활 속 소리를 국악적으로 재해석하는 창의적 활동을 가능하게 한다.

프롬프트 엔지니어링과 국악 창작

생성형 AI의 발전과 함께 프롬프트(Prompt) 엔지니어링은 국악 교육에서도 중요한 기술로 자리 잡고 있다. 학생들이 AI에게 적절한 지시를 내려 국악 형식을 활용한 가사를 창작하거나, 전통 시조와 현대적 표현을 결합한 새로운 작품을 만들어 낼 수 있다. 이 과정에서 학생들은 국악의 형식미와 언어의 운율을 깊이 이해하게 되며, AI와의 협업을 통해 창의적 사고의 폭을 넓힐 수 있다. 프롬프트 작성 과정 자체가 국악에 대한 이해를 심화하는 학습 도구로 기능하는 것이다.

인간-AI 협력 모델의 구현

미래의 국악 교육은 인간과 AI가 협력하는 새로운 패러다임을 제시한다. 브이로그 제작 활동을 통해 학생들은 AI의 도움을 받아 국악 관련 콘텐츠를 기획하고 제작하면서, 전통문화를 현대적 매체로 재해석하는 능력을 기를 수 있다. 이 과정에서 학생들은 AI의 장점을 활용하되, 인간 고유의 창의성과 비판적 사고를 바탕으로 최종 결과물을 완성해 나간다. 이러한 협력 모델은 단순한 도구 활용을 넘어 AI 시대에 필요한 핵심 역량을 기르는 교육적 경험을 제공한다.

평가와 피드백 시스템의 혁신

AI 기반 국악 교육에서는 전통적인 평가 방식도 새롭게 변화해야 한다. 결과 중심의 평가에서 과정 중심의 평가로 전환하되, AI가 제공하는 실시간 피드백과 교사의 전문적 판단을 균형 있게 활용해야 한다. 학생의 창작 과정을 세밀하게 분석하고, 개별 학습자의 수준과 특성에 맞는 맞춤형 피드백을 제공함으로써 더욱 효과적인 국악 학습이 가능하다. 이러한 평가 시스템은 학생들의 자기주도적 학습을 촉진하고, 국악에 대한 지속적인 관심을 유지하는 데 기여한다.

미래를 향한 전망

앞으로 국악 교육이 창의적이고 지속 가능한 방향으로 발전하기 위해서는 교사, 학습자, 기술 인프라 간의 긴밀한 협력이 필수적이다. 교사는 기술의 교육적 유용성과 윤리적 판단을 균형 있게 고려하고, 학습자는 디지털 도구의 결과를 비판적으로 수용해 자신만의 표현으로 전환하는 능력을 길러야 한다. 기술은 교육 내용을 보완하고 수업의 외연을 확장하는 조력자로 기능해야 한다.

이를 실현하기 위해서는 교사 대상의 AI · 디지털 연수 강화와 함께, 학교 차원의 창작 중심 디지털 학습 환경 구축이 선행돼야 한다. 또한 창작 과정을 중심에 둔 평가 체계와 국악 공공 데이터를 안정적으로 제공하는 플랫폼 마련이 절실하다. 예컨대 국립국악원과 교육청이 협력하여 '국악 AI 데이터베이스'를 공동 운영한다면, 수업 설계와 실행에 실질적인 도움이 될 것이다.

이 책이 제시하는 다양한 사례와 실천 방안들이 국악 교육 현장에서 활용되어, 전통과 현대, 인간과 기술이 조화롭게 어우러진 새로운 국악 교육 모델을 구축하는 데 기여하기를 기대한다. 이와 같은 노력이 차곡차곡 축적될 때, 국악 교육은 미래 세대와의 연결 속에서 더욱 지속 가능하고 창의적인 방식으로 진화할 수 있을 것이다.

01
학교 국악 교육, AI 등장

'AI가 국악도 작곡한다고요?' 최근 학교 수업에서 학생들은 AI와 협업해 가야금 선율을 만들고, 장단을 변형해 응원가를 제작하는 프로젝트에 참여하고 있다. 전통이라는 이름 아래 반복 학습 위주였던 국악 수업이, 창작과 실험의 무대로 재편하고 있는 것이다. 이 변화의 중심에는 '생성형 AI'의 등장이 있다. 교육 기술의 진보는 단순한 수업 도구의 변화를 넘어, 국악 수업의 패러다임을 송두리째 뒤흔들고 있다.

AI와 1인 창업?

국악 교육의 디지털 격차와 해소 과제

코로나19 팬데믹이 촉발한 원격 수업은 국악 교육 전반에 내재한 디지털 격차를 적나라하게 드러냈다. 대도시의 일부 학교는 태블릿과 고속 무선망 등 정보 통신 기술(ICT, Information and Communications Technologies) 인프라가 비교적 잘 갖추어져 있던 반면, 농산어촌 지역의 학교들은 인터넷 속도와 부족한 단말기로 인해 온라인 악보조차 제때 불러 오지 못하는 상황에 직면했다.

또한 2022년 한국교육학술정보원(KERIS)이 발표한 《교육 격차 해소를 위한 디지털 기술 적용 방안 연구》에 따르면, 코로나19로 인해 지역 간의 학습 격차가 79% 커졌다고 초·중등 교사가 응답했다. 이러한 수치는 디지털 기반 다양한 학교 수업의 접근성에 지역 간 불균형이 구조적으로 심각함을 보여 준다.

국악 교육의 디지털 격차를 완화하기 위해서는 다음과 같은 세 가지 방향의 지원이 필요하다. 첫째, 학습의 기본 전제가 되는 최소 사양의 노트북과 안정적인 와이파이의 보급이 필요하다. 둘째, 누구나 쉽게 접근할 수 있는 무료 국악 앱과 오디오 데이터 세트(예: 장구 장단 샘플, 국악기의 음원 등)의 확충이 요구된다. 셋째, 교사를 위한 역량 강화와 콘텐츠 활용을 지원하는 디지털 플랫폼이 병행되어야 한다.

결국 국악 교육의 지속 가능한 디지털 전환을 위해서는 기기라는 인프라와 데이터라는 콘텐츠의 동시 강화가 필수적이다. 이 두 요소가 함께 뒷받침되지 않으면, 기기와 데이터의 격차는 곧 창작 기회의 불균형으로 이어지는 악순환을 초래하고, 이는 국악 교육의 평등성을 심각하게 저해하는 요인이 될 수 있다.

AI-보조 국악 수업 모형

국악의 미학은 한배, 토리, 시김새라는 고유한 질서 위에 구축되어 있다. 이는 유기적 체계로 서양 음악과는 전혀 다른 작곡 언어를 구성한다. 그러나 현재 대부분의 생성형 AI 모델은 서양 음악 데이터를 중심으로 학습되어, 국악의 장단 구조, 5음 음계 체제, 미세한 음고 변화 등을 정확히 반영하는 데 그 한계를 보인다.

국악과 생성형 AI의 공존을 실현하기 위해서는 기술 도입에 앞서 세 가지 핵심 설계 원칙이 필요하다.

첫째, 학습 데이터 설계 단계에서 장단 패턴, 국악기 단음 샘플, 전통 가창 음원 자료 등을 충분히 포함해 학습 편향을 최소화해야 한다. 이는 모델이 전통 음악의 구조적 특성을 인지하고 생성할 수 있는 최소한의 전제가

된다.

둘째, 교사는 AI가 생성한 결과물을 전통 규범에 따라 비평 · 분석하고 필요한 경우 편곡하도록 지도해야 하며, 이를 위해 비평 중심의 루브릭을 수업에 함께 제공해야 한다. 이는 AI 도구의 활용이 단순한 '무비판적 복제'로 흐르지 않도록 돕는 장치다.

셋째, AI 활용 목적을 '자동 작곡 도구'가 아닌 '창작 조력자'로 재정의할 필요가 있다. 창작 과정은 해석과 의미 부여의 연속이며, AI는 이를 보조하는 존재로 작동해야 한다. 이러한 설계와 적용 절차를 따를 때, AI는 국악의 전통 미학을 해체하거나 왜곡하는 기술이 아니라, 오히려 숨겨진 가능성을 탐색하고 확장하는 창작 실험실로 기능할 수 있다. AI는 국악을 대체하는 도구가 아닌, 국악의 표현 지평을 넓히는 하나의 협업적 존재가 되어야 한다.

교사 전문성 · 연수 체계와 평가 혁신

AI 기반 국악 수업의 성패는 궁극적으로 교사의 전문성과 준비도에 달려 있다. 생성형 AI는 강력한 도구지만, 이를 적절하게 활용하고 교육적으로 조율하는 역할은 전적으로 교사에게 주어진다. 체계적인 교사 연수 프로그램이 우선으로 마련되어야 한다.

기초 단계 연수는 AI의 기본 원리, 음원 저작권 개념, 데이터 편향에 대한 이해를 중심으로 구성되어야 하며, 심화 단계에서는 프롬프트 엔지니어링, 디지털 오디오 워크스테이션(DAW, Digital Audio Workstation), AI 기반 수업 설계 워크숍 등 실제 교육 현장에서 요구되는 실천 역량을 길러야 한다.

평가 측면에서도 기존의 정답 중심 · 성과물 중심 평가에서 벗어나, 창작 과정 자체를 중시하는 평가 체계로의 전환이 필요하다. 본 연구팀이 개발한 'AI 국악 창작 루브릭'은 다음과 같이 네 가지 평가 범주다.

1. 전통성: 장단, 토리의 적합도
2. 창의성: 아이디어의 독창성 및 변주 능력
3. 기술 활용도: AI 생성 도구와 DAW의 활용
4. 저작권 준수 여부

위의 4가지 루브릭은 정량 평가가 아닌, 과정 중심의 질적 분석을 강조하며, 학생의 포트폴리오와 동료 피드백 활동과 결합했을 때, 평가가 단순한 성적 산출을 넘어 학습자 자신의 성찰과 성장을 유도하는 창작의 순환 구조로 기능하게 된다. 즉 수업 자체가 지속 가능한 창작 사이클로 확장될 수 있다.

참고문헌

한국교육학술정보원(2022). 교육 격차 해소를 위한 디지털 기술 적용 방안 연구.

02
저작권, 국악 디지털 음원

국악과 관련된 디지털 음원이 많이 제작되고 있다. 하지만 이런 디지털 음원 활용이 많아질수록 저작권에 대한 이해 또한 필수가 되어야 한다. 안타깝게도 현재 많은 학생이 저작권에 대한 인식이 여전히 부족한 상황이다. 이런 배경에서 저작권의 기본 개념을 살펴보고, 국악 디지털 음원을 교육 현장에서 바르게 활용하기 위한 방향을 체계적으로 제시하고자 한다.

AI와 MBTI?

교실의 디지털 전환과 음악 수업

4차 산업혁명의 거대한 흐름 속에서 코로나19라는 예상치 못한 변수가 등장하자, 학교는 단기간에 디지털 환경 속으로 전환되었다. 학생들은 종이로 된 교과서로 공부하는 것보다, 태블릿 PC를 활용한 학습 환경에 익숙해지고 있다.

과거 음악 수업이 악보를 보고 노래하거나, 연주와 감상 중심의 활동에 머물렀다면, 이제는 그 양상이 크게 달라졌다. 교과서가 아닌 태블릿 PC를 가지고 와서 다양한 음악을 직접 창작하거나, 다양한 학습 방법을 활용한 프로젝트 수업이 많아졌다. 특히 밴드랩(BandLab)과 같은 웹 기반 작곡 플랫폼의 등장으로 인해 소프트웨어 설치 없이 인터넷 브라우저만으로도 시공간에 구애를 받지 않고 작곡할 수 있게 됐다. 여기에 국립국악원이 구축한 국악 디지털 음원 아카이브는 로그인만으로도 전통 음악을 바탕으로 한 창작의 무한한 가능성을 제공하며, 국악 교육의 새로운 지평을 열고 있다.

하지만 이렇게 편리해진 디지털 환경에서 가장 큰 문제로 대두되는 것은 바로 '디지털 윤리 감수성'의 부재다. 학생들은 인터넷상에 널려 있는 다양한 샘플과 음원을 손쉽게 가져다 활용하지만, 정작 그 자료들이 어떤 라이선스 조건을 따르는지, 혹은 출처 표기가 필요한 것인지에 대해서는 충분히 고민하지 않는 경우가 많다.

따라서 교사의 역할도 새롭게 정의되어야 한다. 단순히 창작 기술만을 전달하는 것에서 벗어나, 저작권을 올바르게 구분하는 방법과 적절한 출처 표시 요령을 자연스러운 수업 과정에 녹여 내는 것이 필요하다. 이를 통해서만 학생들이 음악적 상상력을 마음껏 발휘하면서도 동시에 법적 · 윤리적 책임감을 갖춘 창작자로 성장할 수 있기 때문이다.

국립국악원: 국악 디지털 음원

과거 국악 수업을 준비할 때는 필요한 음원을 얻기 위해 직접 악기를 연주하여 녹음하는 번거로운 과정을 거쳐야 했다. 그러나 국립국악원이 '국악 디지털 음원' 사이트를 공식 개설한 이후로는 상황이 완전히 달라졌다. 이제 교사와 학생 모두 대금, 가야금, 장구와 같은 전통 악기 소리부터 시작해서 추임새, 다양한 악구에 이르기까지 방대한 음원 라이브러리를 몇 번의 클릭만으로 손쉽게 다운로드할 수 있게 되었다.

이용 과정 역시 복잡하지 않게 설계되어 있다. 먼저 사용자는 자신의 사용 목적에 따라 '상업용'과 '비상업용'

중 하나를 선택해야 한다. 학교 교육 현장에서 활용할 예정이라면 당연히 '비상업용'을 선택하면 된다. 이어서 보다 구체적인 용도를 묻는 화면이 나타나는데, 여기서는 '교육용, 앱 제작, 음악 제작, 연구용, 기타' 등의 세부 항목 중에서 해당하는 것을 고르면 된다. 만약 제시된 항목에 정확히 부합하지 않는다면 '기타'를 선택한 후 간단한 사용 취지를 직접 기재할 수도 있다. 마지막 단계에서는 소속 기관(학교명)을 입력하고 다운로드 버튼을 누르기만 하면 모든 절차가 완료된다.

이러한 과정을 한 번이라도 경험해 본 학생이나 교사라면, 자연스럽게 '출처를 명확히 밝히고 저작권을 사전에 확인하는 것이 모든 창작 활동의 기본 출발점'이라는 중요한 원칙을 학습하게 된다. 결국 이는 단순한 음원 다운로드를 넘어서는 교육적 경험이 되는 셈이다.

한국저작권위원회: 공유 마당

공유 마당은 한국저작권위원회에서 만든 사이트로, 국악 디지털 음원과 마찬가지로 교육 현장에서 활용할 수 있는 풍부한 자료를 무료로 제공하는 또 다른 플랫폼이다. 이곳의 가장 큰 장점은 국악 관련 음원과 이미지는 물론이고, 영상 자료까지 포괄적으로 다운로드할 수 있다는 점이다. 또한 다양한 사진 자료와 특수 효과음까지 포함하고 있어, 학생들의 창작 활동에 필요한 거의 모든 종류의 멀티미디어 소스를 한곳에서 해결할 수 있다.

실제로 학생들은 공유 마당에서 제공하는 다양한 디지털 음원을 조합하여 독창적인 음악 작품을 만들어 낼 수 있다. 그뿐만 아니라 여기서 얻은 이미지와 영상 자료를 활용해 뮤직비디오나 교육용 콘텐츠 제작까지 시도해 볼 수 있어, 단순한 음악 창작을 넘어선 융합형 미디어 제작 경험을 쌓을 수 있다는 큰 장점이 있다.

학교 수업에서 알아야 할 저작권 사용 가이드

'저작권법'에서 정의하는 음악 저작물과 저작권의 개념을 살펴보면, 먼저 '음악 저작물'은 클래식, 팝송, 가요 등 음악이라는 범주에 포함되는 모든 저작물을 포괄한다. 여기에는 순수한 악곡뿐만 아니라 언어적 요소가 함께 어우러지는 오페라, 뮤지컬과 같은 장르도 당연히 포함된다. 또한 즉흥 음악처럼 악곡이나 가사가 미리 고정되어 있지 않은 형태의 음악이라 하더라도, 그것이 독창성을 갖추고 있다면 충분히 음악 저작물로서 법적 보호를 받을 수 있다고 명시되어 있다.

'저작권'이라는 것은 사람의 생각이나 감정을 구체적

으로 표현한 결과물, 즉 저작물을 창작한 사람에게 부여되는 법적 권리를 의미한다. 이는 창작자의 지적 노동에 대한 정당한 보상과 보호를 목적으로 한다. 학교 수업에서 특정 주제로 영상을 제작하거나 다양한 자료를 활용할 때, 학생들은 반드시 해당 자료의 출처를 명확하게 표기해야 한다는 것을 기억해야 한다. 다만 학교에서 이루어지는 수업 활동의 하나로 수행 평가나 과제 해결을 목적으로 하는 저작물을 활용하는 경우에는, 적절한 출처 표시와 함께 일정 부분 사용이 허용된다. 또한 '저작인접권'이라는 개념도 함께 이해해 둘 필요가 있다. 이는 직접 창작하지는 않았지만, 저작물의 해설자, 매개자, 전달자로서 중요한 역할을 담당하는 사람들에게 부여되는 권리를 말한다. 마지막으로 '저작재산권'은 저작권의 경제적 측면을 다루는 개념이다. 저작권은 일반적인 재산처럼 매매하거나 상속할 수 있고, 다른 사람에게 사용을 허락하는 것도 가능하다. 만약 누군가가 적절한 허락 없이 타인의 저작물을 무단으로 사용한다면, 저작권자는 그 침해자를 상대로 민사상 손해 배상을 요구할 수 있을 뿐만 아니라 형사상 처벌까지 요구할 수 있다. 일반적으로 저작권자는 자신의 권리를 다른 사람에게 양도하거나 사용을 허락함으로써 경제적 대가를 받을 수 있는데,

바로 이러한 저작권의 경제적 가치와 관련된 측면을 저작재산권이라고 부른다.

참고문헌

공유마당. https://gongu.copyright.or.kr/gongu/main/main.do

국가법령정보센터. "저작권법".
https://www.law.go.kr/%EB%B2%95%EB%A0%B9/%EC%A0%80%EC%9E%91%EA%B6%8C%EB%B2%95

국립국악원 국악디지털음원.
https://www.gugak.go.kr/digitaleum/front/main.do

03
크롬 뮤직랩, 장단-가락 창작

'장단만 입력했을 뿐인데, 국악 느낌이 살아난다?' 크롬 뮤직랩 중 '송메이커'는 국악 수업 현장에서 민요의 토리와 장단을 활용한 창작 활동에 가장 손쉽고 직관적으로 활용할 수 있는 도구다. 송메이커를 중심으로, 학생들이 전통의 요소를 디지털 창작으로 연결할 수 있는 수업 사례를 소개하고자 한다.

AI와 난임 극복?

민요의 토리와 장단

민요는 지역과 문화에 따라 다양하게 부르는 노래로, 구전심수(口傳心授)의 방식으로 전해져 내려오고 있다. 이를 통해 학습자는 지역 고유의 문화와 정체성을 노래를 통해 자연스럽게 익힐 수 있다.

학교 현장에서 민요를 지도할 때 핵심이 되는 개념은 '토리'와 '장단'이다. 토리는 단순한 음계를 벗어나 시김새, 선율, 음의 기능, 지역의 문화적 특징까지 포함하는 용어로, 일종의 국악 사투리로 간주한다.

민요의 지역별 토리는 서울 · 경기 · 충청도 일대의 경토리, 전라도 지역의 육자배기토리, 평안도 · 황해도 지역의 수심가토리, 함경도 · 강원도 · 경상도의 메나리토리가 있다. 학습자는 민요의 토리를 통해 지역의 문화와 정체성을 함께 학습할 수 있다. 경토리는 솔 · 라 · 도 · 레 · 미의 선율 구조가 특징이다. 육자배기토리는 미 · 라 · 도 3음으로 구성되어 있는데, 굵은 농음에 해당하는 미와 도에서 꺾는 음에 해당하는 시김새가 두드러진다. 수심가토리는 레 · 미 · 솔 · 라 · 도로 구성되어 있으며 '라' 음정을 콧소리를 내며 부른다. 메나리토리는 미 · 솔 · 라 · 도 · 레로 이루어져 있으며 상행할 때와 하행할 때의 음정 간격이 다르게 나타나는 점이 주요하다.

또한 민요에 자주 사용되는 장단으로는 3소박 3박 구조의 세마치장단, 3소박 4박 구조의 굿거리장단과 자진모리장단 등이 많이 사용된다.

이러한 장단과 지역별 토리를 함께 활용한 민요 교육은 음악적 요소와 지역 문화를 통합적으로 탐색할 기회를 제공한다. 특히 디지털 매체를 접목한 민요 창작 수업은 학습자의 문화 정체성에 대한 이해를 높이고, 창의적 표현력을 기르는 데에도 긍정적인 영향을 준다.

크롬 뮤직랩: 송메이커

최근에는 이러한 전통 요소를 디지털 환경에서 창작할 수 있도록 하는 도구로 크롬 뮤직랩(Chrome Music Lab)의 '송메이커(Song Maker)'가 주목받고 있다. 송메이커는 별도의 설치나 로그인 없이 실행할 수 있는 웹 기반 작곡 도구로, 음과 리듬을 시각화하여 즉각적인 피드백을 제공한다. 화면은 선율과 장단을 입력하는 영역으로 나뉘며, 학생은 마우스를 이용해 음과 박을 찍는 방식으로 작곡을 진행할 수 있다.

하단의 설정(Settings) 메뉴를 통해 마디 길이(Length), 박자(Beats per bar), 소박(Split beats into), 음계(Scale), 시작음(Start on), 음역(Range)을 조절할 수 있다. 예를

들어 세마치장단의 3소박 3박은 박자와 분박을 모두 3으로 설정하여 9칸 격자를 만들 수 있고, 굿거리나 자진모리장단은 4박 3소박으로 설정하여 12칸 격자를 형성한다. 이처럼 장단 구조를 격자화해서 시각적으로 제공하기 때문에, 학생은 리듬의 구조를 체계적으로 인지할 수 있다.

선율을 설정할 때는 '음계'를 5음 음계(Pentatonic)로 두고, '시작음'을 민요 토리(예: 메나리 · 경토리 등)에 해당하는 기준 음으로 지정해 지역별 음계의 느낌을 살릴 수 있다. 음역은 1옥타브 정도가 적절하며, 지나치게 넓게 잡을 경우 학생들이 시각적으로 혼란을 느낄 수 있다.

마지막으로 악기(Instrument)와 빠르기(Tempo)를 조정해 완성도를 높인다. 송메이커의 기본 악기는 마림바나 드럼 등 서양 악기지만, 장단 구조 시각화와 청각적 피드백을 통해 전통 리듬 이해에는 큰 도움이 된다. 교사가 송메이커의 사용 방법을 안내하면, 학생들은 이를 활용해 민요 장단 기반의 창작 활동을 능동적으로 진행할 수 있다.

크롬 뮤직랩: 장단-가락 창작 지도 방안

크롬 뮤직랩을 활용한 창작 지도에는 '송메이커'를 주로 활용한다. 학생들이 민요의 토리와 장단을 체계적으로 이해하고 배운 내용이 창작까지 이어지도록 총 6차시에 걸쳐 수업을 구성한다.

1~2차시

학생들이 서울 · 경기, 전라도, 경상도, 강원도 지역을 대표하는 민요를 모둠별로 함께 불러 보며, 각 지역에 따라 달라지는 토리의 차이를 느껴 본다. 또한 세마치장단, 굿거리장단, 자진모리장단을 장구나 무릎장단으로 연주하여, 장단의 구조와 가사와 장단의 관계를 파악한다.

3차시

송메이커를 배우는 활동을 한다. 교사는 사전에 준비한 민요 악보를 송메이커의 격자 구조로 바꾸어 학생들에게 나눠 준다. 학생들은 이를 보면서 화면에 직접 입력해 보는 활동을 한다. 이러한 과정을 통해 학생들은 송메이커의 구조를 이해하고, 디지털 환경에서 전통 음악을 만드는 경험을 하게 된다.

4~5차시

송메이커를 활용해 토리와 장단을 창작해 보는 활동이다. 학생들은 일상 속 경험(예: 캠페인 노래, 급식 시간

등)을 주제로 정한 뒤, 학습한 민요의 토리나 장단을 바꾸거나 새로운 곡을 만들어 본다. 이때 교사는 토리의 특징과 변형 장단 등의 다양한 예시를 제공하여 학생들이 부담감 없이 쉽게 작곡할 수 있도록 한다. 학생들은 곡을 다 창작한 후, 작품을 웨이브폼(WAVeform audio format) 파일로 내보내기한 후, 패들렛(Padlet)에 파일과 간략한 곡의 의도를 작성해서 업로드한다.

6차시

패들렛에서 서로 의견을 주고받는 피드백 활동을 한다. 학생들은 패들렛에 업로드된 친구들의 작품을 감상하며 1~5점에 해당하는 별점과 간단한 댓글을 남긴다. 이러한 활동을 통해 친구들의 다양한 국악 표현 방식을 감상할 수 있고, 학습자 본인은 본인의 곡을 객관적 시각으로 바라볼 수 있게 된다. 나아가 수업에서 만든 곡은 학교 행사나 캠페인 등에서도 실제로 사용할 수 있다.

참고문헌

크롬뮤직랩. https://musiclab.chromeexperiments.com/
패들렛. https://padlet.com/dashboard
한국민족문화백과사전. https://encykorea.aks.ac.kr/

04
AI 실험실, 시각화-창작

AI 실험실로 들어가면, 음악이 눈으로 보이고 단어가 소리로 들리는 놀라운 경험이 펼쳐진다. 구글의 시잉뮤직(Seeing Music)과 워드신스(Word Synth) 같은 도구를 활용해 민요의 토리와 시김새를 단순히 듣고 부르는 것에서 직접 시각화하고 창작해 볼 수 있다. 이 수업은 국악의 전통 요소를 AI와 결합해 감각적으로 체험하는 창의·융합형 학습으로, 교실을 하나의 국악 창작 실험실로 바꾸어 놓는다.

AI와 사주?

구글 실험실: 키보드

구글의 AI 실험실(Experiments with Google)에서는 다양한 형태의 AI 기반 음악 창작 실험 프로젝트를 선보이고 있으며, 그중 '키보드(Keyboard)' 프로젝트는 특히 교육적 잠재성이 높게 평가된다. 이 프로젝트는 학습자가 키보드 형태의 인터페이스를 신체로 직접 터치하거나 움직이면서 음악을 생성할 수 있도록 설계된 디지털 악기 실험이다. 학습자는 손이나 팔, 또는 전신 움직임을 통해 음정을 연주하며, 이는 기존의 클릭 기반 작곡 도구와는 달리 음정 간의 물리적 거리와 구조를 신체 감각으로 경험할 수 있게 한다.

특히 민요와 같은 전통 국악 성악곡은 5음 음계를 기반으로 구성된 음악이 많다. 특히 민요는 지역에 따라 5음 음계가 가지고 있는 기능들이 다른 것을 알 수 있다. 학습자는 지역별 토리를 청각적으로 이해한 후, 5음 음계를 신체 움직임으로 표현하게 되면, 선율의 구조와 음정 간 간격을 더 직관적이고 통합적인 방식으로 체험할 수 있다. 이러한 활동은 단순한 음정 간격의 이해뿐만 아니라, 신체와 함께 음정 간격을 학습할 수 있다.

키보드 프로젝트는 음정 간격을 시각화하여 제공하기 때문에, 학습자는 자신의 신체 이동 경로를 통해 자연스럽게 선율의 방향성과 거리감을 체득하게 된다. 이는 국악 민요의 '발림' 표현과도 연계될 수 있으며, 손짓, 고개 돌림, 발동작 등 민요 창법에 수반되는 신체 표현을 자연스럽게 학습하는 데 이바지한다. 다시 말해, 디지털 매체를 통한 신체 기반 표현은 국악의 전통 표현 방식과의 융합을 통해 새로운 형태의 음악 표현 교육을 가능하게 한다.

구글 실험실: 시잉 뮤직

'시잉 뮤직(Seeing Music)'은 음성 또는 오디오 파일을 입력하면, 음높이를 정확한 음높이와 함께 곡선 형태로 실시간 시각화해 주는 도구로, 학습자의 발성과 음정 처리를 직관적으로 보여 주는 기능을 갖춘 디지털 기반 플랫폼이다.

시잉 뮤직의 가장 큰 특징은, 입력된 소리에 따라 나타나는 음의 곡선과 음높이가 시각적으로 명확하게 표현된다는 점이다. 국악 교육에 적용할 경우, 학생이 민요를 부르면 단순한 음의 고저뿐 아니라 국악 특유의 시김새—예컨대 요성(搖聲), 퇴성(退聲), 추성(推聲) 등의 미세한 장식음 처리—까지도 시각적으로 나타난다. 이를 통해 학습자는 교사의 설명이나 청각에만 의존하지 않고, 본인의 발성을 직접 눈으로 확인하고 즉시 수정할 수 있는 피드백 구조를 경험하게 된다.

전통적으로 국악 가창 수업은 교사의 시범과 학습자의 반복적 모방을 중심으로 이루어졌으며, 평가 또한 교사의 주관적 청음에 의존하는 경우가 많았다. 시잉 뮤직은 학습자가 자신의 음정이 기준 음과 얼마나 일치하거나 벗어나는지를 직관적으로 인식하고, 시김새 표현의 정확성 또한 비교를 통해 보완할 수 있다.

특히 국악 민요의 경우, 단순한 음높이보다는 지역별 토리의 구조적 특징, 즉 음계 배열과 음의 기능 변화, 그리고 각 음에 부여되는 시김새 표현이 중요하게 작용한다. 예컨대 메나리토리의 경우 상행과 하행에 따라 미세한 음정 변화를 동반하고, 육자배기토리는 굵은 농음과 꺾는 음의 반복을 특징으로 한다. 이러한 복잡하고 섬세한 표현을 학습자가 스스로 인지하고 조절할 수 있는 기반을 제공하는 것이 시잉 뮤직의 강점이다.

구글 실험실: 워드 신스

'워드 신스(Word Synth)'는 사용자가 입력한 문장의 억양(Intonation)과 음절 구조(Syllabic Structure)를 기반으로 AI가 자동으로 선율을 생성해 주는 웹 기반 플랫폼이다. 이 과정에서 학습자는 언어의 리듬과 억양이 음악적 선율로 확장되는 원리를 직관적으로 체험하게 되며, 이는 '언어와 소리의 관계'를 교육적으로 탐색할 유의미한 기회를 제공한다.

워드 신스의 작동 방식은 비교적 단순하면서도 교육적으로 확장 가능성이 크다. 사용자는 '가사 입력(Input Text)' 항목에 원하는 문장을 입력하고, AI는 해당 문장의 음운적 특징을 분석하여 이에 적합한 선율을 자동으로 생성한다. 특히 한국어의 경우, 시스템의 음성 합성 정확도에 한계가 있으므로, 문장을 로마자 표기로 입력하는 것이 더 자연스러운 음향 결과를 도출하는 데 유리하다. 예컨대 'AI 총서 – ingongjineung chongseo'와 같이 입력하는 것이 바람직하다.

생성된 멜로디는 음정 단위로 분절되며, 한 음정에 하나 이상의 음절이 포함되기도 한다. 사용자는 보컬의 강도(Sing Amount), 빠르기(Tempo), 음계(Scale)를 조정하여 다양한 방식으로 결과물을 실험할 수 있다. 특히 음계 항목을 오음 음계(Pentatonic)로 설정하면 국악적 표현에 근접한 결과물을 도출할 수 있으며, 국악 수업과의 연계 가능성도 높아진다. 마우스 드래그를 통해 음정을 직접 조정할 수도 있어 사용자 개입의 여지도 충분하다.

국악 수업에서 워드 신스는 전통 민요의 가사나 학생이 창작한 응원가 · 생활 시 등을 입력하고, 생성된 선율을 청취한 후 이를 바탕으로 국악적 요소를 추가 · 수정하는 방식으로 활용할 수 있다. 학습자는 자동 생성된 선율을 단순히 수용하는 데 그치지 않고, 지역별 토리의 음계 구조와 시김새 표현 방식을 적용해 보며, 기존 선율을 변형 · 보완하는 활동을 학습할 수 있다.

결과적으로 워드 신스는 언어 기반 입력을 음악적 산출물로 변환하는 기술적 가능성을 국악 교육에 접목함으로써, 전통적 가창 지도의 틀을 확장할 수 있는 유용한 도구다. 학습자는 이 도구를 활용해 국악의 정서를 기반으로 한 창작 활동을 능동적으로 수행하며, 나아가 국악의 언어성 · 음악성을 통합적으로 이해하는 경험을 축적할 수 있다.

나만의 가락선 악보: 창작 지도 방안

'나만의 가락선 만들기' 수업은 학습자가 지역별 토리의 음정 구조 및 시김새의 표현 방식을 이해한 후, 이를 바탕으로 음악을 창작하고, 디지털 도구를 활용해 결과물을 실시간으로 시각화하는 통합형 교육 프로그램이다.

본 수업은 청각 중심의 국악 교육에 시각 기반 피드백

과 AI 협업을 도입함으로써, 학습자 주도 창작 능력과 표현력의 심화에 이바지하는 것을 목표로 한다. 전체 수업은 도입-탐색-창작-정리의 네 단계로 구성한다.

1. 도입 단계

학생들이 친숙한 민요인 '아리랑' 등의 곡을 감상하고 따라 부르며, 서울 · 경기권의 경토리와 서도 지역의 수심가토리 등 대표적인 토리의 특징과 시김새를 비교 · 체험한다. 교사는 "방금 부른 요성이 맞았을까?", "퇴성을 잘 살렸을까?"와 같은 질문을 통해 학습자가 시김새를 인식하고 부를 수 있도록 유도한다. 이는 기존의 모방 중심 가창 교육을 자기 성찰 기반의 탐색 활동으로 전환하는 데 기여한다.

2. 탐색 단계

'키보드' AI 프로젝트를 활용하여 학습자가 마우스나 웹캠 기반 인터페이스를 통해 오음 음계의 간격을 신체로 체감한다. 이때 각 토리의 음정 배열을 직접 손으로 움직이며 소리로 반응하게 됨으로써, 음정 간의 상대적 거리와 선율 구조에 대한 신체적 이해가 촉진된다. 이어 민요 음원을 시잉 뮤직에 업로드하여 실시간으로 음정 곡선을 시각화한다. 학습자는 자신이 부른 소리의 높낮이뿐 아니라 시김새(요성 · 퇴성 등)의 형태를 가락선 형태로 확인할 수 있으며, 교사는 시각 자료를 바탕으로 정확한 피드백을 제공한다. 이는 전통 국악 교육에서 청각에 의존하던 피드백 구조를 시청각 통합형 학습 체계로 전환하는 계기가 된다.

3. 창작 단계

'워드 신스'를 활용하여 학습자가 창작한 응원가, 시, 또는 민요 개사 가사를 입력하고, AI가 생성한 선율을 바탕으로 자신만의 곡을 완성한다. 입력은 로마자 표기를 사용한다. 생성된 선율은 오음 음계로 적용한다. 학습자는 AI가 제안한 선율을 단순히 수용하는 데 그치지 않고, 국악의 토리 구조와 시김새 표현을 기반으로 해서 멜로디를 수정 · 보완함으로써 창의적 개입과 표현력을 함께 신장시킬 수 있다.

4. 정리 단계

완성된 곡을 녹음 또는 영상으로 기록하여 '시잉 뮤직'에 재업로드 한다. 학습자는 자신의 창작물이 시각적으로 어떤 선율 흐름을 가지는지 확인하고, 토리 특징과 시김새 표현이 가락선에 어떻게 반영되었는지 되짚는다. 이를 통해 학습자는 자신의 창작 역량을 시각화된 피드백을 통해 평가하고 성찰하는 기회를 얻게 된다.

이러한 수업은 국악 교육의 핵심 요소인 토리, 시김새, 장단의 이해를 중심에 두면서, AI 작곡 도구와 실시간 시각화 플랫폼을 결합함으로써 '표현'과 '이해', '창작'과 '분석'의 균형 잡힌 학습을 실현한다. 나아가 청각 기반 교육을 넘어 시각적 도식과 신체 기반 체험을 통합하며, 국악의 표현 양식과 디지털 기술을 융합하는 새로운 교육적 전환점을 제시한다.

참고문헌

Keyboard. https://creatability.withgoogle.com/keyboard/
Seeing Music. https://creatability.withgoogle.com/seeing-music/
Word Synth. https://creatability.withgoogle.com/word-synth/

05
스크래치, 창작-합주

스크래치에서 국악 합주가 펼쳐진다면 어떤 모습일까? 블록을 이어 붙이듯 가락과 장단을 조합하며, 학생들은 디지털 악단의 지휘자가 된다. 블록 코딩은 국악 교육을 협업과 창의성, 그리고 전통의 숨결이 코딩 위에서 살아나게 하는 효과가 있다.

AI와 아이돌?

국악 합주 교육의 필요성

국악 합주 교육은 학습자가 타인과의 소통 속에서 장단, 가락, 시김새 등 국악의 핵심 요소들을 조율해 가는 과정을 통해 음악적 완성뿐 아니라 음악적 소통 역량을 동시에 함양하는 기회를 제공한다. 학습자들은 단순한 연주 능력을 넘어서, 학습자들이 전통문화에 대한 인식과 소속감을 형성하는 데 국악 합주가 유효하게 작용될 수 있다.

국악 합주는 교육적 기능 외에도, 학습자의 심미적 감성 발달과 공동체적 문제 해결, 의사소통 능력 향상 등 전인적 발달을 도모하는 복합적 교육 방식으로 평가받는다. 특히 국악의 형식 속에는 '맞추어 연주하기'라는 내적 규범과 상호 존중의 가치가 내포되어 있으며, 이는 협동 학습의 구조와도 일맥상통한다. 각 악기가 개별적으로 돋보이기보다 전체 조화 속에서 소리를 나누는 국악 합주의 특성은, 개인의 자율성과 공동체 협업 간의 균형을 자연스럽게 체득하게 한다.

나아가 이러한 합주 교육은 전통의 계승이라는 측면에서도 중요한 역할을 수행한다. 국악 합주를 통해 학습자는 국악의 고유한 음계와 장단, 시김새 등 문화적 특질을 직접 체험하며, 단지 '보존'의 차원을 넘어 '재해석'의 가능성으로 나아갈 수 있다. 특히 디지털 기반 도구와의 융합은 국악 합주의 물리적 한계를 극복하고, 새로운 창작과 표현 방식으로 확장될 가능성을 열어 준다. 이는 다음 장에서 논의할 '블록 코딩을 활용한 국악 창작 및 합주 수업'의 교육적 전제로서 기능하며, 전통과 미래를 연결하는 교육적 매개로 작용할 수 있다.

블록 코딩

블록 코딩(Block Coding)은 시각적 블록을 조합함으로써 알고리즘적 사고와 문제 해결 과정을 자연스럽게 학습할 수 있도록 고안된 프로그래밍 교육 도구다. 특히 초등 및 중등 교육 현장에서 '스크래치(Scratch)'나 '엔트리(Entry)'와 같은 블록 코딩 플랫폼은 반복문, 조건문, 변수 등을 직관적으로 구성할 수 있는 기능을 제공함으로써, 비전공자 혹은 어린 학습자도 손쉽게 창의적 컴퓨팅 환경에 접근할 수 있다.

이와 같은 블록 코딩 환경은 음악 교육과도 유의미하게 결합할 수 있다. 이동혁(2024)은 블록 코딩 기반 음악 교육 프로그램을 통해 조건문·반복문과 리듬, 멜로디, 하모니 등의 음악적 요소를 연결한 수업을 설계함으로써, 학습자의 창의적 문제 해결력 및 논리적 사고가 유의

미하게 향상되었다고 보고했다. 이는 블록 코딩이 단지 프로그래밍 기술의 습득을 넘어 음악적 감성과 컴퓨팅 사고의 통합적 발달에 기여할 수 있는 교육적 잠재력을 지님을 시사한다.

음악 교육의 맥락에서 블록 코딩은 학습자가 리듬 패턴이나 음계 구조를 직접 코드로 구현한다. 반복 블록을 활용하면 전통 장단의 규칙적 구조를 구현할 수 있으며, 조건문은 변화무쌍한 시김새의 표현 혹은 주제 반복 · 변형과 같은 구성적 사고에 활용될 수 있다. 이로써 학습자는 단순한 재현을 넘어 음악적 논리와 창의적 변형을 병행할 수 있게 된다.

특히 국악 교육에서 이러한 블록 코딩의 접목은 전통 음악의 규칙성과 표현 방식을 디지털 환경 속에서 탐색하고 재해석할 수 있는 교육적 통로를 마련한다. 김경태(2024)는 2022 개정 음악과 교육 과정을 기반으로 해서 스크래치를 활용한 '육자배기토리' 기반 창작 수업 프로그램을 초등학생 대상 4차시 분량으로 개발 · 적용했다. 해당 연구에서는 학생들이 가야금 · 장구 음색을 블록으로 설정하고 반복 및 조건문을 활용해 전통 장단을 구현했으며, 결과적으로 학습자들의 국악 창작에 대한 흥미와 자신감이 유의미하게 향상되었다. 또한 코드 작성 과정에서 창의적 사고가 자극되었고, 학습자가 주도적으로 문제를 해결하며 자신만의 장단과 음색 구성을 완성해 나갔다는 점에서, 디지털 기반 국악 창작 교육의 가능성을 실증적으로 보여 주었다.

이러한 블록 코딩 기반 수업에서는 단순한 개별 창작을 넘어 공동 창작 및 합주로도 활동이 확장된다. 김경태(2024)의 연구에서는 학생들이 서로의 프로젝트를 공유하며 합주 활동을 구성할 수 있도록 설계되었으며, 팬데믹 이후 비대면 학습 환경에서도 음악적 협업이 가능한 대안적 수업 모델로 평가되었다. 이는 물리적 제약을 넘어선 디지털 협업 국악 합주의 실천 가능성을 보여 주며, 국악 교육의 지속 가능성을 확보하는 데 중요한 사례로 간주된다.

교사는 스크래치와 엔트리 중 수업의 목표, 학생의 나이와 디지털 리터러시 수준, 학교의 교육 환경 등을 고려하여 플랫폼을 선택할 수 있다. 스크래치는 글로벌 커뮤니티 기반으로 다양한 템플릿과 미디어 라이브러리를 제공하며, 직관적 '사용자 인터페이스(UI, User Interface)'와 높은 확장성을 지닌다. 반면 엔트리는 한국어 기반 플랫폼으로, 교육청과의 연동 기능, 교사 중심의 자료 공유 시스템에서 강점을 보인다. 따라서 교사는 학습자의 디지털 접근성과 수업 내용의 특성을 고려하여 적절한 도구를 선택해야 한다. 이 글에서는 보다 높은 확장성과 커뮤니티 자료가 축적된 스크래치를 기반으로 국악 창작 수업 지도 방안을 제안하고자 한다.

스크래치: 창작-합주 지도 방안

이 수업 모형은 국악에 대한 감상 및 분석을 기초로, 블록 코딩 도구인 스크래치를 활용한 국악 창작 및 합주 활동을 포함한 5차시 구성의 프로젝트 중심 수업으로 설계되었다. 해당 수업은 디지털 환경 속에서 국악의 전통성과 창의성을 동시에 구현하며, 학습자의 문화적 감수성과 컴퓨팅 사고력의 융합적 함양을 목표로 한다.

1차시

교사가 선정한 대표적인 국악 감상곡(예: 종묘제례악, 양청도드리, 강강술래 등)을 중심으로 감상 및 분석 활동을 한다. 단순한 감상 활동이 아닌, 곡의 역사적 · 문화적 배경, 사용 악기, 장단과 음계 구조, 표현 방식 등을 통합적으로 탐색하도록 유도한다. 이를 통해 학습자는 국악의 고유한 구조와 미학에 대한 기초 인식을 형성하며, 이후 창작 활동의 내용적 기반을 마련하게 된다.

2차시

1차시에서 감상한 국악의 음악적 특성을 토대로 창작 또는 합주 활동의 주제를 설정하도록 지도한다. 학습자는 개인 또는 모둠 단위로 자신이 구현하고자 하는 음악의 주제를 구체화하며, 이에 적합한 음원 자료를 수집한다. 국립국악원 '국악 디지털 음원', '공유 마당' 등 공공 플랫폼에서 제공되는 음원을 탐색하고, 스크래치에서 활용할 수 있는 형태(.wav 또는 .mp3 파일)로 변환 및 다운로드한다. 교사는 저작권의 개념, 음원 활용 윤리 등을 병행하여 지도하며, 학습자가 수업 주제를 구체화하고 자율적으로 기획 역량을 확장할 수 있도록 돕는다.

3~4차시

스크래치의 인터페이스에 대한 기초적인 조작법을 익힌 후, 실제 창작 및 합주 프로그램을 개발하는 활동을 진행한다. 학습자는 스크래치의 구성 요소인 블록 팔레트, 스크립트 영역, 무대(Stage), 스프라이트 리스트 등을 이해하고, 특히 '코드(Code)', '제어(Costumes)', '소리(Sounds)' 블록을 중심으로 코드를 구성한다. 코드(Code)-이벤트(Envents)에서 '깃발 클릭 시'라는 이벤트 구조를 통해 음악 재생을 설정하고, 반복 블록을 통해 장단의 규칙을 구현한다.

국악적 배경 이미지는 캔바(Canvas), 미리캔버스(Miricanvas) 등의 디자인 도구를 활용하여 제작하며, 이를 스크래치 무대에 삽입함으로써 시청각 통합 콘텐츠를 완성할 수 있다.

예를 들어 종묘제례악 '보태평'의 음계를 바탕으로 편종과 편경의 음색을 스크래치의 '소리' 블록으로 코딩하고, 8마디 규모의 창작 가락을 구성할 수 있다. 또한 양청도드리를 기반으로 양금과 단소의 병주 형태를 구현하는 '양소병주 합주' 활동도 가능하다. 이때 학습자는 단소 선율을 주선율로 설정하고, 양금의 리듬 패턴을 보조 선율로 배열하여 블록 간의 상호작용을 경험하게 된다.

5차시

학습자 발표 중심의 활동으로 구성된다. 학습자는 창작 또는 합주 프로그램을 시연하고, 그 구성 방식, 창작 의도, 음악적 특징, 사용된 국악 요소 등을 구체적으로 설명한다. 교사는 학습자 발표 후 동료 피드백을 촉진하며, 구성원 간 상호 평가를 통해 창작물의 예술성과 논리성을 재점검하게 한다. 이 과정은 단순한 성과 공유를 넘어, 협업적 문제 해결과 자기 성찰을 동반한 심화 학습의 계기를 제공한다.

이와 같은 블록 코딩 기반 국악 수업은 전통 음악 교육의 현대적 계승과 디지털 리터러시의 통합이라는 이중의 교육 목표를 달성할 수 있다는 점에서 의의가 크다. 특히 학습자의 자기 주도적 창작 활동, 시청각 통합 기반의 다감각적 경험, 협업적 합주 구조는 국악 교육의 정체성을 유지하게 하면서도 미래 교육의 방향성과도 일치한다. 앞으로는 수업 결과물에 대한 루브릭 기반 평가 도구의 개발, 다양한 지역 토리의 음원 콘텐츠 확충, 플랫폼 사용자 인터페이스의 접근성 개선 등이 병행될 필요가 있다.

참고문헌

김경태(2024). 스크래치를 활용한 초등 국악 창작 수업 방안 탐구. 《국악교육연구》, 27~50쪽.

스크래치. https://scratch.mit.edu/

엔트리. https://playentry.org/

이동혁(2024). 블록코딩 기반의 음악교육 프로그램 개발. 《한국초등음악교육학회지》, 13~19쪽.

06
밴드랩, 신호음-창작

하루를 여는 알람이 경쾌한 해금 소리라면 어떨까? ‘밴드랩’에서는 전통 국악 음원과 DAW를 활용해 나만의 신호음을 직접 만들 수 있다. 익숙한 장단과 새로운 사운드가 어우러지며, 일상 속 국악이 창작의 언어로 다시 태어난다.

AI와 야구?

국립국악원 국악 디지털 음원

국립국악원의 디지털 음원 서비스는 크게 '단음' · '악구' · '확장'으로 구분된다. '단음'은 악기별 음계 단음과 성악의 다양한 추임새로 구성되어 있다. '악구'는 국악기와 전통 성악의 선율을 활용할 수 있는 가락, '확장'은 속도와 강약이 다른 국악기 단음과 특징적인 표현을 담은 가락으로 구분되어 있다.

단음은 크게 관악기 · 현악기 · 타악기 · 성악으로 분류되어 있다. 관악기와 현악기는 악기의 기본 음계, 시김새, 연주로 구성된다. 기본 음계는 해당 악기에서 연주될 수 있는 모든 음을 말한다. 시김새 – 악기의 요성, 농현, 추성, 퇴성, 크레센도, 스타카토, 글리산도, 트레몰로 – 등이 포함된다. 연주는 각 악기의 대표곡으로 30초에서 3분 내외의 길이로 이루어져 있다. 타악기는 타격음, 장단, 연주로 나뉜다. 성악은 남창과 여창의 각각 추임새로 구성된다.

이러한 디지털 음원 구성은 국악의 세밀한 표현 양식을 분석하고 창작 활동에 응용할 수 있는 체계적 기반을 제공한다. 특히 다양한 악기와 표현 요소의 분절된 제공은 학습자가 선택적으로 조합해 볼 수 있는 음악 구성 경험을 가능하게 하며, 국악 교육에서의 창작적 확장성과 실천성으로 함께 나아갈 수 있다.

DAW 프로그램: 밴드랩

디지털 오디오 워크스테이션(DAW, Digital Audio Workstation)은 디지털 신호 처리를 기반으로 오디오의 녹음, 편집, 재생, 마스터링 등의 작업을 통합적으로 수행할 수 있는 음악 제작 소프트웨어다. 이러한 DAW는 음악 창작 및 제작 과정의 전반을 컴퓨터 환경 내에서 구현할 수 있도록 하여, 최근 학교 현장에서도 점차 활용도가 증가하고 있다. 특히 인터넷 브라우저 기반의 DAW인 밴드랩은 설치나 유료 구매 없이도 사용이 가능하다는 점에서, 공교육 현장에 적합한 도구로 주목받는다.

밴드랩은 크롬(Chrome)과 같은 브라우저 환경에서 별도의 프로그램 설치 없이 작동하며, 구글 계정을 통한 간편 로그인 기능을 제공함으로써 학교 내 구글 클래스룸(Google Classroom) 연동 환경과의 접근성이 좋다. 회원 가입 절차를 생략하고 즉시 작업에 돌입할 수 있다는 점은 수업 시간의 효율성을 높이는 이점으로 작용한다.

밴드랩의 핵심 기능 중 교육 현장에서 특히 유용한 부분은 '음성 및 오디오(Voice/Audio) 트랙'과 '샘플러

(Sampler) 트랙' 기능이다. 음성 및 오디오 트랙은 직접 녹음한 사운드를 불러와 편집하거나, 외부 음원을 업로드하여 가공할 수 있는 기능을 포함한다. 이는 국립국악원에서 제공하는 국악 음원을 학습자가 편집하여 활용할 가능성을 제공하며, 수업 내에서 국악기 소리의 구조적 이해와 음향적 재해석을 가능하게 한다.

한편 샘플러 트랙은 짧은 길이의 음원(최대 1분 이내)을 클립 단위로 불러와 배치하거나 반복(Looping)하여 새로운 음악을 구성하는 데 활용된다. 특히 국악 교육에서는 샘플링(Sampling) 기법을 활용하여 전통 악기들의 시김새(예: 해금의 농현, 가야금의 전성 등)를 짧은 단위로 편집한 후, 이를 반복적으로 배치하여 창작 활동에 응용할 수 있다.

샘플러 트랙은 자주 사용하는 국악기를 악기군별로 묶어 구성하거나, 동일 악기 내 다양한 연주기법 – 예: 가야금 음정에 따른 연튕김 – 등에 따라 구성할 수 있으며, 이는 학습자가 악기별 음색과 표현법의 차이를 구체적으로 인식하고 비교할 수 있는 토대를 마련한다. 다만 1분 이상의 긴 음원은 샘플러 트랙에서 직접 편집이 불가하므로, 반드시 음성 및 오디오 트랙 기능을 통해 사전 편집을 수행한 뒤 불러와야 한다.

결과적으로 밴드랩은 국악기 음원의 특수성과 DAW 기술의 융합을 통해, 전통 음악을 현대적 기술로 재구성하는 국악 창작 교육의 도구로 기능할 수 있다. 특히 브라우저 기반의 접근성, 무료 제공, 다양한 편집 기능 등은 학교 현장의 실제적인 조건과 교육적 필요를 모두 충족하며, 디지털 리터러시 함양과 국악 교육을 통합할 수 있게 하는 유의미한 수단으로 평가된다.

밴드랩: 신호음—창작 지도 방안

이 수업 지도안은 김민하(2021)와 정영선(2023)이 제안한 국악기 음색 학습의 3단계 구조–'국악기 탐구', '국악기 음색 구별', '국악기 음색 활용'–를 바탕으로 하되, 디지털 기반 창작 수업에 적합하도록 총 8차시로 재구성했다.

1~2차시: 국악기 탐구

국악기의 종류와 구조, 연주 방식에 대한 이해를 바탕으로 학습한다. '청소년을 위한 국악 관현악 입문'을 감상하고, 관악기 · 현악기 · 타악기 · 악기 재료와 연주 형태에 따른 국악기를 구별한다. 학습자는 교사가 나누어 주는 학습지를 참고하면서 국악기를 관악기, 현악기, 타악기와 재료에 따라 분류함으로써 학생들은 악기의 특징(주법, 시김새)과 음색을 기억할 수 있다. 특히 '연주 형태'에 따른 분류는 악기 간 음색 조화 및 앙상블상의 소리 어울림에 대한 인식을 확장하는 데 기여한다.

3~4차시: 국악기 음색 구별

디지털 음원 감상을 통해 국악기의 고유한 음색을 세밀히 인지하는 활동으로 구성된다. 학습자는 국립국악원에서 운영하는 '국악 디지털 음원' 사이트를 탐색하여 관악기, 현악기, 타악기별 음색을 개별적으로 감상하고, 학습지에 국악기 음색을 듣고 특징과 본인의 생각을 기록한다. 이 과정에서 음원 다운로드 방법과 저작권 관련 안내도 병행된다. 학습자는 이러한 분석을 통해 향후 창작 시 적절한 음색 조합 및 악기 선택의 기초를 마련한다.

5~7차시: 국악기 음색 활용

창작 활동은 브라우저 기반 DAW 플랫폼인 밴드랩을 중심으로 이루어진다. 학생은 구글 계정을 이용해 로그인한 후, 새로운 프로젝트를 생성하고, '음성 및 오디오 트랙'과 '샘플러 트랙'의 기능을 탐색한다. 음성 및 오디오 트랙에서는 다운로드한 음원을 불러와 편집하며, 샘플러 트랙에서는 샘플링 기법을 통해 반복적 구성 요소를 창작에 활용한다. 동시에 학습자는 '작곡 스케치' 학습지를 활용하여 곡의 설계도를 구성한다. 스케치에는 다음과 같은 작곡 조건이 제시된다.

조건 1: 국악기 음색을 활용한다.

조건 2: 학습한 곡의 신호음 악기 구성과 연주법을 활용한다.

조건 3: 사용 악기는 '청소년을 위한 국악 관현악 입문'에서 학습한 악기로 제한한다. 창작된 결과물은 음원으로 저장하거나, 밴드랩의 내보내기(export) 기능을 이용해 파일로 저장한 후, 구글 클래스룸에 업로드한다.

8차시: 창작 작품 제출

학생들이 완성한 창작품을 공유하고, 곡의 의도, 사용된 악기, 음색 배치, 창작 과정 등을 발표한다. 동료 간 상호 피드백 시간을 마련함으로써 학습자는 자신의 음악적 표현을 타인의 시각에서 성찰하고 보완할 기회를 가진다. 이 과정은 국악기 음색 중심 창작 활동의 교육적 완결성을 높이는 중요한 단계다.

참고문헌

김민하(2021). 국악기 음색 학습의 현황과 개선 방향. 《국악교육연구》, 15(1).

정영선(2023). 국립국악원 국악 디지털 음원-국악기 음색을 활용한 〈수업 종 만들기〉 창작 지도. 《국악원논문집》, 48.

국립국악원 국악디지털음원. https://www.gugak.go.kr/digitaleum/front/main.do

국립국악원(2019). 청소년을 위한 국악 관현악. Youtube. https://www.youtube.com/watch?v=bJS8C5XLBy8

밴드랩. https://www.bandlab.com/feed/trending

07
프롬프트, 국악 형식을 활용한 가사-창작

AI에게 민요 한 가락을 들려주고 싶다면, 무엇부터 어떻게 말해야 할까? AI 시대의 작사는 단어 선택이 아니라 '프롬프트' 설계에서 시작된다. 국악의 가락과 형식을 언어로 풀어내는 이 작업은, 창작을 위한 첫 문을 여는 열쇠이자 국악 교육의 새로운 도전이다.

AI와 윤동주?

프롬프트

프롬프트라는 용어는 기존의 의미를 넘어 새로운 방식으로 확장되고 있다. 원래 프롬프트란 컴퓨터 시스템이 사용자로부터 입력을 받을 준비가 되었음을 알리는 '입력창'을 의미했다. 그러나 챗지피티(ChatGPT)와 같은 생성형 AI, 특히 거대 언어 모델(LLM, Large Language Model)의 등장 이후 이 용어는 사용자가 AI에 지시하거나 질문하는 '입력 문장'으로 의미가 확대되었다(이재호 · 윤호경, 2024; 윤나라, 2023).

프롬프트의 의미 변화는 단순한 기술 용어의 확장을 넘어, AI에 대한 접근성을 비약적으로 높이는 계기를 마련했다. 과거에는 AI를 활용하기 위해 복잡한 코딩 언어나 전문 지식이 요구되었으나, 오늘날에는 누구나 자연어(Natural Language)를 활용하여 쉽게 AI를 작동시킬 수 있게 되었다. 이는 학습자에게도 동일하게 적용되며, 디지털 리터러시의 문턱을 낮추는 주요 요인 중 하나로 작용한다.

특히 AI 기반 음악 생성기의 경우, 사용자가 입력하는 프롬프트는 단순한 명령 이상의 역할을 수행한다. 입력된 프롬프트의 구체성과 명확성에 따라 결과물의 음악적 완성도와 창의성의 수준이 결정되기 때문이다. 모호

하거나 추상적인 프롬프트는 사용자의 의도와 무관한 결과를 도출할 수 있으며, 이는 생성형 AI의 '확률 기반 언어 처리'라는 본질적 한계에서 비롯된다.

따라서 사용자가 원하는 결과에 보다 근접한 생성물을 얻기 위해서는 프롬프트 엔지니어링(Prompt Engineering)이 필수적으로 요구된다. 프롬프트 엔지니어링이란 AI 명확한 지시를 내리기 위한 프롬프트 설계의 전략을 의미하며, 이는 최근 AI 교육 및 융합 수업에서 중요한 역량으로 부상하고 있다(신주은 외, 2023). 교육 현장에서는 학습자가 주제 · 양식 · 음악 형식 · 분위기 등 다양한 요소를 고려하여 프롬프트를 정교하게 설계하는 훈련을 병행함으로써, AI를 단순한 수단이 아닌 창작의 파트너로 활용하도록 유도해야 한다.

프롬프트 엔지니어링

생성형 AI의 활용이 교육과 창작의 영역에서 빠르게 확산하고 있는 가운데, AI가 사용자로부터 입력받은 자연어 기반 프롬프트를 오해하거나 부정확하게 해석하는 사례도 빈번히 발생하고 있다. 이러한 문제는 사용자가 의도한 결과와 실제 생성된 결과물 간의 괴리를 초래하며, 생성형 AI의 신뢰성과 활용성에도 일정한 제약으로 작용한다. 이에 따라 사용자는 원하는 결과가 도출될 때까지 프롬프트를 반복적으로 수정하고 보완하는 과정을 거치게 되며, 이 과정 전반을 일컬어 '프롬프트 엔지니어링'이라고 정의한다(박상언 · 강주연, 2023; 윤나라, 2023; 배규한 외, 2024).

프롬프트 엔지니어링은 생성형 AI를 사용자 목적에 부합하게 조작하기 위한 전략적 접근으로, 사용자의 요구와 AI의 처리 방식 사이의 간극을 효과적으로 메워 주는 역할을 수행한다. 특히 프롬프트의 명확성과 구체성은 결과물의 질을 좌우하는 핵심 요인으로 간주하며, 이에 따라 다양한 설계 기법들이 연구되고 있다.

다음은 프롬프트 엔지니어링의 대표적인 기법들이다(한진영 · 이민정, 2024; 박상언 · 강주연, 2023; 배규한 외, 2024).

1. 제로샷(Zero-shot) 기법은 어떠한 예시도 제공하지 않고, AI가 사전 학습된 지식만으로 작업을 수행하도록 지시하는 방식이다.
2. 원샷(One-shot) 기법은 하나의 예시를 제공하여 유사한 작업을 유도한다.
3. 퓨샷(Few-shot) 기법은 복수의 예시를 제공함으로써 AI

가 일반화된 패턴을 스스로 도출하게 한다.

4. 페르소나(Persona) 기법은 AI가 응답 시 특정한 인물의 성격이나 관점을 반영하도록 지시하는 방식이다.

5. 역할 지시(Role assignment) 기법은 AI에 특정한 직업 또는 역할을 부여하여 해당 분야 전문가처럼 응답하도록 유도한다.

6. 사고의 사슬(Chain of thoughts) 기법은 문제 해결 과정을 단계별로 유도하여, AI가 더욱 정교한 추론을 수행하도록 설계하는 전략이다.

이처럼 다양한 프롬프트 엔지니어링 기법은 단순한 지시 전달을 넘어, 생성형 AI와의 소통 과정 자체를 전략화함으로써 사용자 중심의 창의적 결과물을 생성하는 데 크게 기여한다. 더불어 시행착오를 줄이고 시간적 효율성을 높일 수 있으며, 교육적 관점에서 학습자에게는 문제 해결력 및 메타 인지적 사고를 증진하는 효과도 기대된다.

궁극적으로 프롬프트 엔지니어링 기법은 학습자가 생성형 AI를 단순히 '도구'로 활용하는 수준을 넘어서, 자신의 목적에 맞게 전략적으로 설계하고 활용하는 창의적 디지털 문해력(Creative Digital Literacy)을 함양하는 기제로 기능할 것이다.

형식과 가사를 활용한 프롬프트 설계

국악은 다양한 형식을 통해 음악적 표현의 폭을 넓혀 왔다. 특히 성악곡에서 두드러지는 형식 가운데 하나는 '메기고 받는 형식'으로, 이는 노동요나 민요에서 자주 나타나는 구조다. 이 형식에서는 '메기는 소리'와 '받는 소리'가 교차되며 구성된다. 메기는 소리는 일반적으로 가사의 내용이 변화하는 반면, 받는 소리는 일정한 사설이 반복되어 응답 구성을 이룬다. 또한 성악곡에서 자주 발견되는 또 다른 형식은 '긴-자진 형식'이다. 이는 느린 곡(긴)과 빠른 곡(자진)이 한 쌍을 이루는 형식으로, 대표적인 예로는 '농부가-자진농부가', '강강술래-자진강강술래' 등이 있다.

기악곡에서도 국악 고유의 형식은 다양하게 전개된다. 그 대표적인 예로는 '한배에 따른 형식'을 들 수 있다. 이는 음악의 빠르기가 점차 빨라지는 구조로, 느린 장단에서 시작하여 점점 짧은 장단으로 이행되는 시간적 전개를 특징으로 한다. 그 외에도 가락이 촘촘히 엮이는 '엮음 형식', 독립된 곡들을 하나로 묶은 '모음곡 형식' 등은 국악의 기악 표현에서 자주 활용되는 형식이다.

이러한 국악의 형식을 기반으로 하여, 생성형 AI를 활용한 작곡 활동에서도 전통 음악의 구조적 특성을 효과적으로 반영할 수 있다. 예를 들어 "앞부분에는 질문에 해당하는 메기는 소리, 뒷부분에는 이에 대한 응답인 받는 소리가 이어지도록 문답형 민요 형식으로 주제에 어울리게 가사를 작성해 줘" 또는 "후렴구-아리랑 아리랑 아라리요-를 반복하고, 곡의 도입부는 느리게 전개되도록 구성해 줘"와 같은 프롬프트를 활용할 수 있다.

이와 같은 방식의 프롬프트는 AI가 국악의 형식적 특징을 학습하고 창작 과정에 반영할 수 있으며, 새로운 가사를 창작하는 데 실질적인 도구로 활용될 수 있다.

국악 형식을 활용한 가사-창작 지도 방안

국악에서는 일정한 목적과 상황에 따라 다양한 방식으로 민요를 부른다. 대표적으로 노동요, 놀이요, 의식요 등이 이에 해당하며, 사회·문화적 맥락에서 생성되고 전승한다. 음악적 특징으로는 반복성과 집단성, 장단의 일관성을 가지고 있다. 생성형 AI를 활용한 음악 창작 수업에서 이와 같은 특징을 프롬프트에 반영하는 것은, 국악의 실천적 맥락을 AI에 효과적으로 전달하는 방법이 될 수 있다.

예컨대 "모심기할 때 부르던 농요처럼 일정한 리듬과 반복이 느껴지게 작곡해 줘" 혹은 "강강술래처럼 원을 돌며 부를 수 있는 반복적인 놀이요 형식으로 가사를 만들어 줘"와 같은 구체적인 프롬프트는 AI가 국악의 기능적 · 형식적 요소를 반영한 음악을 생성하도록 유도한다. 이와 같은 활동은 학습자가 프롬프트를 단순한 지시어가 아닌 음악적 문장으로 구성하도록 함으로써, 언어적 사고와 음악적 상상력을 동시에 계발하는 교육적 효과를 지닌다.

또한 학생들은 전통 기능요의 실천적 의미를 현대적 교육 환경에 맞게 재해석하여 창작할 수 있다. 예를 들어 '모심기 노래', '자장가'와 같은 전통 기능요의 주제를 현대의 일상생활—예컨대 '청소할 때 부르는 노래', '쉬는 시간에 부를 수 있는 노래' 등—에 맞는 국악적 형식(문답형, 반복형, 후렴형 등)을 접목하여 새로운 가사를 구성해 볼 수 있다. 이와 같은 창작 과정은 국악의 기능성과 형식성, 그리고 학생의 창의성을 통합적으로 구현하는 실천적 접근이다.

완성된 가사는 유디오(Udio)나 수노(Suno)와 같은 AI 음악 생성 도구에 입력하여 음원으로 재현할 수 있다. 이러한 활동은 학생이 국악의 문화적 맥락과 구조적 특징을 자연스럽게 체득하도록 유도하며, 단순한 멜로디 생성 수준을 넘어 국악의 전통적 기능을 고려한 창작 활동으로 확장되는 교육적 의미를 지닌다.

참고문헌

박상언 · 강주연(2023). ChatGPT 및 거대언어모델의 추론 능력 향상을 위한 프롬프트 엔지니어링 방법론 및 연구 현황 분석. 《지능정보연구》, 287~308쪽.

배규한 외(2024). 생성형 AI와 프롬프트 엔지니어링을 활용한 디지털 전시콘텐츠 개발. 《멀티미디어학회논문지》, 959~968쪽.

수노. https://suno.com/home

신주은 외(2023). 프롬프트 엔지니어링 교육이 초등학생의 인공지능 관련 태도에 미치는 영향. 《정보교육학회논문지》, 635~644쪽.

유디오. https://www.udio.com/

윤나라(2023). 프롬프트 엔지니어링과 인간의 역할: 콘텐츠 생성 인공지능을 중심으로. 《인문콘텐츠》, 199~218쪽.

이재호 · 윤호경(2024). 프롬프트 리터러시 검사 도구 개발을 위한 국내외 연구 동향 분석. 《창의정보문화연구》, 179~189쪽.

한진영 · 이민정(2024). 문제중심학습과 챗GPT: 프롬프트와 문제해결력에 대한 탐색. 《교양학연구》, 111~145쪽.

08
협력, 인간-AI를 활용한 브이로그 제작

이제 음악 수업은 '만들기'에서 '함께 만들기'로 진화하고 있다. AI는 더 이상 단순한 도구가 아니라, 학생과 함께 상상하고 표현하는 창작 파트너가 된다. 인간과 AI가 협업해 하나의 브이로그를 완성하는 고등학교 음악 수업 사례를 통해, 음악 교육의 새로운 가능성을 살펴본다.

AI와 한의학?

인간과 생성형 AI의 협업

생성형 AI는 학습자의 수준과 요구에 맞춘 맞춤형 학습 경로를 제시하고, 과제 수행에 필요한 자료를 자동으로 생성함으로써 학습의 질적 향상에 기여하고 있다. 이러한 기술은 교육 현장에 다양한 가능성을 열어 주지만, 동시에 새로운 과제를 제기한다. 그중 하나는 학습자의 AI 의존도가 지나치게 높아지는 현상이다. 생성형 AI가 제공하는 즉각적이고 편리한 정보에 의존함으로써 학습자의 창의적 사고력, 자율성, 문제 해결 능력이 위축될 수 있다는 우려가 제기된다.

이러한 맥락에서 주목할 만한 개념이 바로 '하이브리드 지능(Hybrid Intelligence)'이다. 하이브리드 지능은 인간과 AI가 각각의 강점을 바탕으로 상호 보완적으로 협력하여 문제를 해결하고 새로운 지식을 생성하는 지능 형태를 의미한다(Dellermann et al., 2019). 이는 생성형 AI를 단순한 도구로 한정 짓기보다, 협력적 파트너로 이해하고 활용하는 관점을 바탕으로 한다.

송혜빈과 조영환(2023)은 인간과 AI 협업의 효과적 수행을 위해 학습자가 갖추어야 할 다섯 가지 역량을 제시했다.

1. AI의 특성에 대한 '이해 역량'은 생성형 AI의 작동 원리, 한계, 강점에 대한 인지적 분석 능력이다.

2. AI를 '협력 동료로 수용하는 태도 역량'은 AI를 단순한 도구가 아니라 협력할 수 있는 존재로 받아들이고, 신뢰와 소속감을 형성하는 태도를 말한다.

3. '의사소통 역량'은 학습자의 의도와 감정을 명확히 표현하고, AI의 반응을 정확히 해석하는 능력이다.

4. '과제 수행 역량'은 AI가 제안한 결과물을 비판적으로 검토하고, 이를 바탕으로 작업을 조정하는 실행 능력이다.

5. '평가 및 성찰 역량'은 생성형 AI와의 상호작용 과정에서 발생한 학습 경험을 반성하며 성찰하고, 이를 바탕으로 발전 방향을 모색하는 메타 인지적 능력이다.

이러한 역량은 특히 예술 교육, 그중에서도 음악 교육에서 더욱 중요한 의미가 있다. 음악 창작 과정에서 생성형 AI가 제시한 선율, 리듬, 구조는 단지 '정답'이 아니라 학습자가 재해석하고 수정해야 할 '재료'에 가깝다. 즉 생성형 AI가 제공한 결과물을 그대로 수용하는 수동적 태도가 아닌, 이를 비판적으로 분석하고, 새로운 방식으로 조합하며, 자신의 창작 의도를 반영하여 재구성하는 능동적 학습 태도가 요구된다.

따라서 음악 교육에서는 생성형 AI를 단순히 체험하거나 기능적으로 활용하는 수준을 넘어, '협업'의 관계 속에서 비판적 사고를 촉진하는 방향으로 접근해야 한다. 학생들은 음악 창작 활동에서 생성형 AI와의 협업을 통해 상호작용적 아이디어 교환을 경험하고, 자기 주도적 학습자로서의 정체성을 강화할 수 있다. 이는 단순한 기술 사용을 넘어서, 인간과 AI가 상호보완적으로 작용하는 하이브리드 지능을 실현하는 길이며, 궁극적으로 음악적 창의성과 인문학적 통찰을 아우르는 새로운 교육 패러다임으로 자리 잡을 수 있을 것이다.

브이로그 제작

브이로그는 개인의 일상생활을 영상으로 기록하고 소셜 네트워크 서비스(Socia Network Services)를 통해 공유하고 타인과 상호작용을 하며 디지털 방식으로 소통하는 미디어 콘텐츠 형식이다. 학습자들은 브이로그 제작을 통해 본인의 일상을 단순히 기록하는 것을 넘어, 다시 한번 돌아보고 비판적으로 성찰할 기회를 얻을 수 있다. 이러한 과정을 통해 자신만의 의미를 재발견하고 자기 반성을 할 수 있게 된다.

브이로그 제작 과정에서 배경 음악을 만들기 위해 생

성형 AI 음악 창작 프로그램을 활용한다. 이 프로그램을 통해 브이로그 배경 음악의 기본 형태를 생성한 후, 학습자는 원하는 악기 음원 또는 직접 악기 소리를 녹음하여 생성된 배경 음악에 추가한다. 이러한 음원을 디지털 오디오 워크스테이션에서 편집함으로써 인간과 생성형 AI의 협업을 경험하게 된다. 마지막으로 영상 프로그램을 사용하여 영상과 음악이 유기적으로 연결될 수 있도록 조정하여 최종 브이로그를 완성한다.

배경음악 도구: 수노AI

수노는 생성형 AI 음악 창작 프로그램으로, 사용자가 원하는 음악을 프롬프트에 입력하여 음악을 생성할 수 있다. 생성된 음악은 바로 들어 볼 수 있고, 확장(Extend) 기능을 사용하여 음악을 연장하거나, 가사를 변경하여 다시 생성할 수 있다. 음악뿐만 아니라 가사도 자동 생성할 수 있고, 생성된 음악에 어울리는 앨범 표지를 만들어 주는 특징이 있다. 수노의 무료 버전에서는 하루에 생성할 수 있는 음악의 개수가 10개로 정해져 있으며, 다음 날 다시 음악 생성을 위한 크레디트가 제공된다. 최근 업데이트된 버전에서는 '아이디어가 필요하신가요?(Need ideas?)'의 기능이 추가되었는데, 이 버튼을 클릭하면 사람(Person), 특별한 행사(Special Occasions), 기분(Moods), 활동(Activity), 인사말(Greeting), 휴가(Vacation), 스크랩북(Scrapbook), 애완동물(Pet)의 8가지 항목이 나타난다. 원하는 항목을 선택하면 사용자의 의견이나 취향 등을 입력할 수 있는 화면이 나오고, 빈칸을 입력한 후 '창조하다(Create)' 버튼을 누르면 음악이 생성된다. 이것은 음악 창작을 위한 아이디어 발상의 단계에서 아이디어 생성에 고민하는 학습자에게 도움을 줄 수 있다.

수노를 사용하여 성악곡과 기악곡의 2가지 버전으로 1차 음악을 생성할 수 있다. 성악곡을 만들 때, 다양한 언어로 가사를 작성할 수 있으며 중요한 단어를 강조하고 싶을 때는 모음을 길게 사용한다.

기악곡을 만들 때는 '관습(Custom)' 기능을 켜고 '악기(Instrumental)'를 선택하여 제작한다. 프롬프트에는 음악의 장르, 빠르기, 악기 구성, 곡의 분위기 등을 작성하는데, 한 번에 많은 단어를 사용하기보다 3~4개의 요소부터 입력하여 음악을 생성하고, 점점 프롬프트에 들어가는 단어를 추가하여 음악을 풍성하게 만든다. 한 번에 많은 단어를 프롬프트에 입력하면 사용자가 원하는 음악이 생성되지 않을 수도 있기 때문이다.

편집 도구: 캡컷

'캡컷(Capcut)'은 무료로 동영상을 제작할 수 있는 프로그램이다. 스마트폰과 PC 등 다양한 디지털 기기에서 사용할 수 있고, 한국판을 제공하여 누구나 쉽게 접근할 수 있다. 캡컷은 별도의 로그인을 하지 않아도 사용할 수 있지만, 사용자의 개인 PC와 스마트폰이 아닌 경우에는 편집한 프로젝트가 저장되지 않는 경우가 있다. 따라서 이러한 경우에는 동영상 편집을 마친 후 내보내기를 통해 영상을 다운로드하여 편집을 계속 진행해야 한다.

캡컷은 사용자의 편의성을 높인 조작 화면(User-Interface)을 갖추고 있어서 학습자가 편리하게 동영상을 제작할 수 있다. 도구 모음을 통해 다양한 편집 기능을 손쉽게 사용할 수 있다. 가져오기는 편집할 동영상을 불러올 때 사용하고, 오디오는 편집한 동영상에 넣을 음원 파일을 추가할 때, 텍스트는 자막이나 가사를 입력할 때 사용한다. 스티커, 편집 효과, 전환, 필터, 조정은 영상을 꾸며 주는 기능을 하는데, 이처럼 여러 가지 효과를 활용하여 사용자는 자신의 취향대로 동영상을 제작할 수 있다. 템플릿은 동영상을 제작할 수 있는 다양한 틀을 제공하고 있으므로, 사용자는 템플릿을 바탕으로 수정·편집하여 나만의 동영상을 만들 수 있다.

인간-AI를 활용한 브이로그 제작 지도 방안

정영선 외 2인(2024)의 수업 모형을 재구성하여 만든 인간과 생성형 AI의 협업을 위한 브이로그 제작 수업은 총 7차시로 설계되었으며, 수업의 과정은 크게 '이해-활용-적용-결과'의 4단계로 나뉜다.

1차시: 이해 단계

생성형 AI를 활용하여 브이로그 영상을 제작함에 앞서 이에 대한 이해를 돕기 위해 설계되었다. 먼저 생성형 AI의 정의와 기본 원리를 학습하고, 브이로그 제작을 위해 배경 음악의 정의와 주요 요소, 특징을 배운다. 영상에 나타난 배경 음악의 효과와 배경 음악으로 인해 영상의 목적이 바뀌는 경우를 비교하며 배경 음악에 대한 활용과 역할을 익힌다.

2~3차시: 활용 단계

배경 음악을 만들기 위해 수노를 활용하여 음악을 생성하는 방법을 익힌다. 다양한 음악 요소를 조합하여 프롬프트를 작성하는 방법과, 수정하는 방법을 학습하고 수노의 다양한 기능을 탐색한다. 학생들은 토의를 통해 브이로그의 배경 음악에 떠오르는 이미지를 단어와 분위기, 음악적 요소로 도출해 내고, 도출된 결과를 표로 만들어 프롬프트를 작성한다. 수노에서는 음악의 길이를 설정할 수 없지만, 생성된 음악에 확장 기능을 사용하여 곡의 길이를 조정할 수 있다. 생성된 음악에서 연장하고 싶은 부분의 시간을 분과 초로 입력하면 기존 음악의 스타일과 분위기를 유지하면서 곡의 길이가 늘어난다. 이때 가사를 수정할 수도 있고 새로운 가사를 추가할 수 있다. 이러한 기능을 활용하여 학습자가 요구하는 곡의 형식에 맞게 음악의 길이를 조절하여 재구성할 수 있다.

4~6차시: 적용 단계 (브이로그 배경 음악 제작)

학생들은 수노를 활용하여 본인이 촬영한 영상에 맞는 음악을 생성하고, 2차 편집을 위해서 밴드랩 프로그램을 사용한다. 캡컷에서도 음악을 편집할 수는 있지만, 캡컷은 동영상 편집을 위한 프로그램이기 때문에 동영상 자체와 관련된 편집에 최적화되어 있어서 세밀한 음악 편집에는 제한이 있다.

1) 수노-프롬프트 작성: 학생들은 생성된 음악을 들어 보고, 본인 의도에 맞게 프롬프트를 수정하거나 동일한 프롬프트를 사용하여 여러 번 음악을 생성한다. 같은 프롬프트를 작성하더라도 다른 곡이 나올 수 있기 때문

이다.

2) 밴드랩-2차 음원 편집: 수노에서 생성된 선율의 음정이 낮아 전체적으로 음정을 높여 편집하거나, 국악기 가야금 글리산도, 축 등 국립국악원 국악 디지털 음원 사이트에서 국악기 음원을 추가하여 밴드랩에서 2차 편집을 진행한다.

3) 캡컷-브이로그 제작: 제작한 음원에 맞게 브이로그를 제작한다. 이때 동영상과 완성된 음원이 어울리지 않는다면 다시 수노 또는 밴드랩으로 돌아가서 편집한다. 이러한 과정을 반복하여 브이로그에 어울리는 음악을 만들고, 최종 영상을 제작한다.

7차시: 결과 단계(평가 및 피드백)

학생들은 생성형 AI를 활용하여 제작한 브이로그 동영상 작품을 제출하고 서로 피드백을 주고받는다. 학생들은 자신의 작품을 기획 의도와 제작 과정을 중심으로 설명하고, 감상한 후 의견을 교환한다. 서로의 작품을 피드백할 때는 단순히 '좋다', '괜찮다'와 같은 언어가 아닌, 영상의 구성, 영상과 음악의 어울림, 기획 의도에 맞는 영상 등으로 평가하도록 하고, 이를 위해 교사는 미리 점검 목록(Check List)을 제작하여 학생들에게 제공할 수도 있다. 이 과정에서 학생들은 자신의 작품을 다양한 관점에서 평가받고, 개선점을 발견할 수 있다. 이는 학생들이 작품 완성을 통한 성취감을 경험하게 하고, 서로의 작품을 피드백하며 비판적 사고 능력의 향상을 경험하게 한다.

참고문헌

송혜빈 · 조영환(2023). 인간-AI 협력 역량 향상을 위한 활동중심수업 설계원리 개발. 《교육정보미디어연구》, 29(1), 145~173쪽.

수노. https://suno.com/

정영선 · 권혜근 · 문현경(2024). 인간과 생성형 인공지능의 협업: 고등학교 음악 수업에서 브이로그 제작 지도. 《예술교육연구》, 22(4), 367~381쪽.

캡컷. https://www.capcut.com/ko-kr/

Dellermann, D. et al.(2019). Hybrid intelligence. *Business & information systems engineering, 61*(5), 637~643.

09
교사, 평가와 피드백

AI와 함께하는 국악 창작 수업에서 평가는 단순한 결과 확인이 아닌, 전통의 이해와 윤리적 활용을 함께 살피는 과정이다. AI는 도구일 뿐, 교육의 본질은 여전히 사람이 전통을 이해하고 창의적으로 계승하는 데 있다. 저작권, 전통성, 창의성까지 고려한 피드백과 평가의 방향을 제시한다.

AI와 화장품?

국악 교육 속 과정 중심 평가 재개념화

국악 교육은 오랜 시간 '정확한 재현'과 '전통 보존'에 초점을 맞춰 왔다. 그러나 생성형 AI의 등장과 함께, 음악 창작 수업의 구조는 급격히 변화하고 있다. AI 도구는 가락 제안, 장단 생성, 음향 보정 등 다양한 방식으로 창작을 지원하며, 학생들은 더 이상 하나의 정답을 외우는 주체가 아니라, 수많은 선택지를 판단하고 조합하는 '의사 결정자'로 자리하게 되었다. 이러한 변화는 평가 또한 단순한 결과물 중심에서 탐구-의사 결정-성찰이라는 학습 흐름 중심으로 전환할 것을 요구한다.

AI와 국악 창작의 평가 기준

최근 생성형 AI 도구들은 가락 변형 제안 등 즉각적 피드백을 제공하며 국악 창작 수업에 새로운 실험 공간을 열어 주고 있다.

그러나 AI 산출물의 무비판적 수용이 학습자의 음악적 판단과 비판적 사고를 약화할 가능성을 경고한다. 또한 국악 고유의 음계 · 시김새 · 장단 체계를 충분히 학습하지 못한 모델이 제안하는 결과물은 전통성 훼손이나 표현 방식의 왜곡을 초래할 위험도 내포한다. 이에 따라 AI 활용 수업의 평가는 '편의성'이나 '음악적 완성도'

보다, 학습자가 왜 특정 AI 제안을 수용 · 수정 · 거부했는지에 대한 설명적 근거를 중심에 두어야 한다. 한국교육과정평가원 역시 기술-매개 창작 활동에서 '학습자의 의사 결정 근거 기록'을 필수 관찰 요소로 권고한다.

AI는 장단 생성, 음정 보정, 멜로디 제안 등을 자동화해 주는 도구이기 때문에, 단순히 '완성된 곡의 음향적 질'을 기준으로 평가할 때, 오히려 학습자의 창작 개입 여부가 흐려질 수 있다. 따라서 평가의 초점은 학생이 어떤 의도와 기준을 가지고 AI 도구를 활용했는지, 즉 '무엇을 어떻게 만들었는가'보다 '왜 그렇게 만들었는가'에 있어야 한다.

이를 위해 교사는 관찰 기록, 학습 포트폴리오, 제작 브이로그, 동료 평가 등을 복합적으로 활용해 학습자의 과정을 다면적으로 분석할 수 있어야 한다.

학생의 창작 과정에서의 교사의 피드백

국악 창작 수업에서 교사는 단순 평가자를 넘어서 조력자로서 학생의 창작 논리를 드러내고 확장하는 질문-기반 피드백을 설계해야 한다. 예컨대 "해당 가락이 표현하려는 감정을 다른 음계 · 시김새로도 구현할 수 있을까?"와 같은 탐구 질문은 학습자의 자기 성찰과 음악적 메타 인지를 자극한다. 교사의 피드백은 평가 자료 수집이 아니라 학습자의 '제2의 창작'을 유도하는 촉매로 기능해야 한다.

그러나 현행 교사 연수는 AI 활용 기술에 비해 평가·피드백 전문성에 대한 체계적 훈련이 부족한 실정이다. 과정 중심 평가의 실질적 실행을 위해서는 심화 연수, 우수 사례 공유, 피드백 언어 코퍼스 구축 등이 병행되어야 한다.

AI 시대 국악 교육의 윤리적·문화적 책무성

AI를 통한 국악 창작은 단지 편리함을 추구하는 기술적 실험이 아니라, 전통을 어떻게 계승하고 재해석할 것인가를 묻는 문화적 선택의 문제다. 따라서 교사와 학생 모두 AI 도구를 사용할 때 저작권 인식, 전통성 훼손 여부, 데이터 편향 문제를 자각하고 접근해야 한다.

피드백과 평가는 이런 윤리적·문화적 요소를 함께 고려해야 한다. 예를 들어 학생이 AI가 생성한 가락을 사용할 경우, 그 출처를 명확히 밝히고 어떤 부분을 창작자 본인이 가공했는지를 서술하도록 지도할 필요가 있다. 또한 국악의 이론과 관련된 경우, 이론 내용과 창작의 이유를 스스로 설명할 수 있는 기준을 마련하는 것이 바람

직하다.

참고문헌

강주현 · 신지혜(2024). 생성형 인공지능 관련 해외대학교 가이드라인 사례 분석을 통한 교원양성기관 음악 교사 교육 제언 방안. 《한국음악치료교육학회》, 91～122쪽.

권순보 · 박수원(2025). 텍스트 마이닝을 통한 초 · 중등 교사의 과정중심평가에 대한 인식 연구. 《교육과정평가연구》, 185～214쪽.

교육부(2022). 2022 개정 음악과 교육과정.

김지혜(2021). 과정 중심 평가를 활용한 국악 창작 교수·학습 지도안 개발 연구. 이화여자대학교 석사학위논문.

장인종 · 김병오(2023). 국악 분야에서 인공지능 기술 활용의 현황과 과제. 《동양음악》, 251～275쪽.

한국교육과정평가원(2024). 2022 개정 교육과정에 따른 초 · 중학교 음악과 성취수준 개발 연구.

10
학교 국악 교육, AI의 미래

생성형 AI가 음악 창작의 방식을 빠르게 바꾸고 있다. 이러한 기술의 발전은 국악 교육과 창작 현장에 새로운 질문을 던진다. 국악의 전통성과 미학은 서양 중심의 AI 시스템 속에서 어떻게 보존되고 확장될 수 있을까? 국악 AI의 기술적 · 교육적 전망부터 데이터 생태계, 문화 정체성, 저작권과 윤리, 그리고 정책과 연구의 로드맵에 이르기까지, 우리가 지금 반드시 고민하고 설계해야 할 '국악-AI 시대의 미래 좌표'를 함께 탐색해 보고자 한다.

종교와 AI?

AI 음악 기술과 국악 데이터 생태계

2020년대 중반 이후, 생성형 AI는 텍스트, 오디오, 영상 데이터를 통합적으로 학습하는 멀티모달 모델로 빠르게 진화하고 있다.

그러나 국악 데이터 생태계는 여전히 구조적 불균형 상태에 놓여 있다. 국립국악원이 운영하는 디지털 아카이브에는 방대한 양의 국악 악보와 음원이 구축되어 있으나, 그 상당수가 불안전한 메타데이터, 비표준화된 음향 파일, 악기별 단음 샘플의 부재 등으로 인해 교육용 또는 연구용 AI 모델 학습에 직접 활용하기 어려운 상태다.

배준(2021)은 국악 데이터 세트를 기반으로 알고리즘을 활용하여 국악 멜로디를 생성하고 생성된 결과를 통해 비교 분석하였다. 김병오(2023)는 다른 국악 장르와 비교했을 때, 민요가 가지는 단순한 음악 구조를 활용하여 학습 데이터의 가능성을 보여 줬다. 장인종 · 김병오(2023)는 국악 분야의 AI 개발을 위한 과제를 미디(MIDI)와 김새, 국악 이론과 AI 활용, 현장성과 즉흥성 등의 다양한 측면으로 제시하고 있다. 이러한 다양한 연구에도 불구하고 교육 현장에 관한 연구는 부족하다.

국악 교육 현장에서 AI를 효과적으로 활용하기 위해서는 다음과 같은 기반 구축이 선행되어야 한다. 첫째, 국악기 단음, 장단 루프(Loops), 토리별 음계 데이터를 오픈 포맷으로 정제하여 공개하고, 둘째, 중복 자료 및 노이즈 제거, 저작권 라이선스 클리어링 작업을 병행해야 하며, 셋째, 장기적으로는 국가 차원의 '국악 AI 데이터 댐' 구축이 추진되어야 한다.

이러한 기술적 · 제도적 기반이 마련되어야 교사와 학생은 편향 없이 학습용 모델을 활용할 수 있으며, 국악의 전통성을 훼손하지 않으면서도 창작 잠재력을 극대화할 수 있는 여건이 형성된다. 국악은 단지 과거를 보존하는 유산이 아니라, AI와 함께 미래 상상력을 발휘할 수 있는 열린 문화 자원이 되어야 한다.

콘텐츠 산업 · 교육 협력 모델

AI를 활용한 국악 교육 생태계는 학교, 산업, 연구 기관, 국립국악원 간의 연계가 이루어질 때 확장성과 지속 가능성이 크게 향상된다. 단일 기관 중심의 접근을 넘어, 각 주체가 보유한 자원과 역량을 유기적으로 연결하는 다중 협력 구조가 필수적이다.

공공 데이터 제공(국립국악원, 공유 마당), AI 기술 지원(스타트업), 현장 실증(학교), 연구 검증(대학)이라는 사각 협력 구조를 제도화한다면, 국악 AI 콘텐츠는 교육 현장을 넘어 디지털 국악 콘텐츠 산업 전반으로의 확산이 가능하다. 이러한 협력 모델은 국악을 단순히 보존하는 문화 자산에서 나아가, AI 시대의 실천적 창작 자산으로 재정의하는 기반이 될 수 있다.

문화 정체성 · 저작권 · 윤리의 미래 쟁점

AI를 활용한 국악 창작이 확산함에 따라, 국악 데이터의 출처 명시, 생성물의 저작권 귀속, 전통 미학의 왜곡이라는 세 가지 핵심 쟁점이 주목받고 있다. 이들 이슈는 단순한 기술적 문제가 아니라 문화 정체성과 윤리적 책임이 직결된 영역이다.

먼저 저작권 문제와 관련하여, 한국저작권위원회(2023)는 'AI가 산출물에 대한 것이라 하더라도 원칙적으로 일반적인 저작물에 대한 저작권 침해 판단 기준과 다르지 않으므로, AI 산출물이 기존 저작물을 인식하고 이에 근거하여 만든 것인지(의거성), AI 산출물과 기존 저작물이 유사하다고 볼 수 있는지(실질적 유사성) 각 판단 기준에 따라 저작권 침해 여부를 살펴보아야 한다'라고 명시하고 있다. 이는 AI가 가공한 결과물이 창작성을 인정받을 경우, 저작권의 주체가 누구인가에 대한 법적 판단 기준이 여전히 미비함을 의미한다. 이러한 문제에 대응하기 위해 다음과 같은 방안이 제시된다. 첫째, AI 학습용 국악 데이터를 공개해 투명성을 확보해야 한다. 둘째, AI 생성물임을 명확히 밝히는 워터마크 정책을 도입해 사용자와 수용자의 혼란을 방지할 필요가 있다. 셋째, 전통 음악 전문가와 AI 개발자가 공동 참여하는 생성물 검수 프로토콜을 마련하여, 전통 미학의 왜곡과 비의도적 차용을 방지해야 한다.

또한 AI가 기존 국악 음원을 학습·재가공한 결과에 창작성이 인정될 경우, 해당 권리를 AI 개발사, 사용자, 또는 공동 저작자 중 누구에게 귀속시킬 것인지를 둘러싼 입법적 논의와 제도적 정비도 시급히 이루어져야 한다. 이러한 문제는 향후 AI 국악 교육의 정책 로드맵 수립과 윤리 기준 정립을 위한 핵심 과제로 자리 잡고 있다.

지속 가능한 국악 AI 교육을 위한 정책·연구 로드맵

국악 AI 교육의 지속 가능성을 확보하기 위해서는 데이터, 교육, 인프라의 세 가지 축이 유기적으로 맞물리는 국가적 전략이 필요하다.

1. '국악 AI 데이터 거버넌스' 구축이 시급하다.

국립국악원, 한국콘텐츠진흥원, 한국음악저작권협회(KOMCA) 등 핵심 기관이 참여하는 협의체를 구성하여, 국악 관련 음원 · 악보 · 장단 샘플 등 데이터를 수집 · 정제 · 표준화 · 배포하는 체계를 마련해야 한다. 이는 데이터 신뢰성과 접근성을 동시에 확보하는 기반이 된다.

2. 교육용 표준 교수 학습 모듈 개발 및 보급 필요

교육부는 초 · 중 · 고등학교 대상의 AI 기반 국악 창작 수업 모델을 '리듬 · 가락 · 합주 · 영상' 네 분야로 구성하고 사례 중심 교수 자료와 과정 중심 루브릭 평가 도구를 함께 제공하여, 현장 교사의 수업 적용을 실질적으로 지원해야 한다.

3. 지역 간 디지털 격차 해소를 위한 인프라 지원

농산어촌 학교를 대상으로 다양한 국악 창작 교육을 위한 AI 프로그램을 지원해야 한다.

학술적 측면에서는 국악 · AI · 교육 융합 연구를 위한 국가 연구 개발(R&D, Research and Development) 트랙을 신설하여, 국악 음향의 AI 학습을 위한 데이터 편향 제거, 전통 장단 기반의 합성 알고리즘 개발, 인터랙티브 창작 도구의 고도화 등을 중점 연구 과제로 추진할 필요가 있다.

이러한 정책 · 교육 · 연구 로드맵은 국악이라는 문화유산의 보존과 4차 산업 혁명 시대 창의 교육의 융합을 실현하는 국가 차원의 미래 전략으로 기능할 것이다.

AI 창작물의 윤리적 사용과 저작권 지침

AI 기반 국악 창작 수업에서는 창작물의 윤리적 활용과 저작권 교육이 필수 요소로 포함되어야 한다. 교사는 학생들이 생성형 AI가 제작한 음악 콘텐츠를 사용할 때, 출처 명시와 사용 목적을 명확히 밝히는 실천적 지침을 지도해야 하며, 이를 통해 디지털 창작물에 대한 윤리적 감수성을 기를 수 있다. 또한 AI가 학습한 데이터의 출처와 생성 결과물의 권리 귀속 문제, 국악의 문화적 정체성 침해 가능성 등을 주제로 학생들과 지속적인 윤리 토의를 병행함으로써, 책임 있는 디지털 시민으로서의 태도를 형성하도록 지원해야 한다. 이러한 교육적 접근은 음악적 창의성과 디지털 윤리의 통합적 함양이라는 이중적 효과를 기대할 수 있으며, 향후 국악 AI 교육의 핵심 가치로 자리매김할 수 있다.

생성형 AI는 전통을 위협하는 존재가 아니라, 인간의 의미 부여와 해석을 거쳐 국악의 감성과 잠재력을 확장하는 창작의 파트너로 자리매김할 수 있다.

참고문헌

김병오(2023). 전통음악이 인공지능을 만났을 때 – 민요 학습데이터 개발 사례를 중심으로. 《한국민요학》, 63~98쪽.

배준(2021). 인공지능을 이용한 국악 멜로디 생성기에 관한 연구. 《한국정보통신학회논문지》, 869~876쪽.

장인종 · 김병오(2024). 국악 분야에서 인공지능 기술 활용의 현황과 과제. 《동양음악》, 251~275쪽.

한국저작권위원회(2023). 《생성형 AI 저작권 안내서》.

권혜근

서울대학교 사범대학 협동과정 음악교육전공에서 학생들을 가르치며 이론과 실제 적용이 가능한 음악 교육을 실천하고 있다. 서울대학교 졸업 후 일본 동경예술대학교에서 음악 교육을 전공했고, 성균관대학교에서 예술철학 박사 학위를 받았다. 2009 개정 교육과정, 2015 개정 교육과정의 중·고등 음악 교과서를 집필했다. 한국예술연구소에서 '평생 예술교육 확대 방안 연구'(2021), 한국예술종합학교 음악 영재교육원에서 '국가 예술 영재 성장 발달 종단 연구'(2023), 일본 문부성 프로젝트 '자국 및 다양한 음악 문화의 학습과 음악 아이덴티티 형성의 관계성에 관한 연구'(2024) 등 다양한 프로젝트를 통해 음악 교육 활동을 하고 있다. "전통음악 교육의 게이미피케이션 적용 연구"(2023), "인간과 생성형 인공지능의 협업"(2024), "LT협동학습을 적용한 초등 국악 창작 수업 설계 원리 개발 연구"(2025) 등 많은 논문을 등재 학술지에 게재했다.

정영선

부산교육대학교 음악교육과 강사다. 한국교원대학교 음악교육과를 수료했다. 학부 시절 한국 음악 작곡을 전공했으며 국악 교육과 창작 영역을 연계해 다수의 현장 중심 연구를 진행하고 있다. 주요 저서로 《창의적이고 신박한 교실 국악 수업 가이드》(2025), 《단계별 시창과 청음: 16주 완성 편》(2023) 등이 있다. "국립국악원 국악 디지털 음원-국악기 음색을 활용한 〈수업 종 만들기〉 창작 지도"(2023), "인간과 생성형 인공지능의 협업: 고등학교 음악 수업에서 브이로그 제작 지도(2024)" 등을 등재 학술지에 게재했다. 서울시교육청 연구정보원에서 진행하는 '생태전환교육을 기반으로 한 VR 활용 융합프로그램 설계'(2023) 연구에 참여했다.